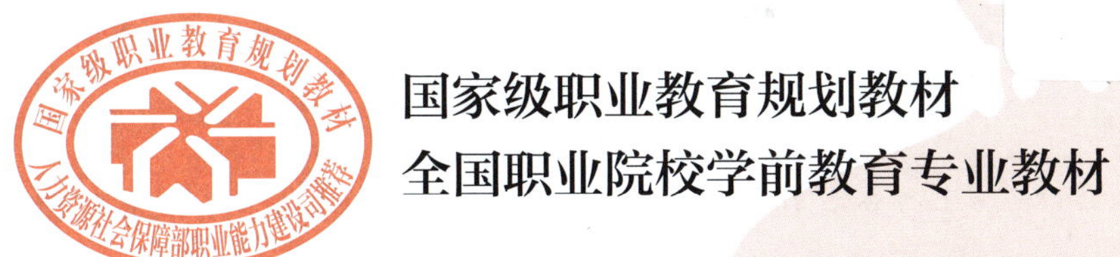

国家级职业教育规划教材

全国职业院校学前教育专业教材

幼儿
体适能教学实践指导

刘曼　主编

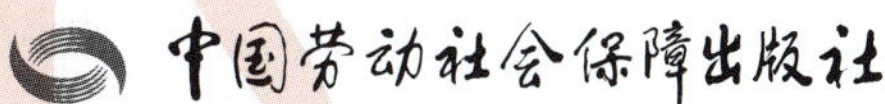

简　　介

本教材共分为四章，主要介绍了幼儿体适能与体适能课程、3~4 岁幼儿体适能活动、4~5 岁幼儿体适能活动、5~6 岁幼儿体适能活动。教材根据各个年龄段幼儿的特征及体适能发展目标，设计了丰富的幼儿体适能游戏。

本教材由刘曼任主编，李辰序、朱玉华任副主编，李志强、王立博、张志文、夏萌、孙瑜、付美丽参与编写。

图书在版编目（CIP）数据

幼儿体适能教学实践指导 / 刘曼主编 . -- 北京：中国劳动社会保障出版社，2022
全国职业院校学前教育专业教材
ISBN 978-7-5167-5611-9

Ⅰ. ①幼…　Ⅱ. ①刘…　Ⅲ. ①学前教育 - 体育课 - 高等职业教育 - 教材　Ⅳ. ①G613.7

中国版本图书馆 CIP 数据核字（2022）第 204673 号

中国劳动社会保障出版社出版发行

（北京市惠新东街 1 号　邮政编码：100029）

*

北京市艺辉印刷有限公司印刷装订　新华书店经销

787 毫米 × 1092 毫米　16 开本　10.75 印张　184 千字
2022 年 12 月第 1 版　2024 年 5 月第 2 次印刷

定价：25.00 元

营销中心电话：400-606-6496
出版社网址：http://www.class.com.cn
http://jg.class.com.cn

前　言

学前教育是终身学习的开端，是国民教育体系的重要组成部分，是重要的社会公益事业。学前教师教育担负着培养学前师资的重任，始终受到国家的高度重视，2018 年《中共中央　国务院关于学前教育深化改革规范发展的若干意见》明确提出要“办好学前教育”“大力加强幼儿园教师队伍建设”。为了适应学前教育发展的形势，满足学校培养学前师资的教学要求，2020 年，我们对全国职业院校学前教育专业教材进行了修订和补充，重点做了以下几方面的工作。

第一，完善了教材体系。根据目前职业院校学前教育专业的教学实际，增加了《幼儿行为观察与指导》《幼儿园游戏》等教材，将《舞蹈（第二版）》和《幼儿舞蹈创编与教法》整合为《幼儿教师舞蹈基础》，将《基本乐理与伴奏编配（第二版）》分为《基本乐理》和《简易钢琴伴奏构建法》。调整后，整套教材体系更加科学、完善，便于教学的开展。

第二，更新了教材内容。对上版教材中的部分内容进行了调整、补充和更新，使教材更加符合当前职业院校学前教育理念和实践方法。增加了实践性教学内容的比重，主要技能点均配以详细的操作指导，以引导学生运用所学知识分析和解决实际问题。

第三，提升了教材表现形式。通过设置知识卡、能力卡、情景再现、引导案例等栏目，增加教材的亲和力，激发学生的学习兴趣。同时，加强了图片、表格及色彩的运用，营造出更加直观的认知环境，提高了教材的趣味性和可读性。

第四，加强了教材立体化资源建设。在教材修订的同时，开发了与教材配套的习题册和电子课件。电子课件及习题答案可登录技工教育网（jg.class.com.cn），搜索相应的书目，在相关资源中下载。在部分教材中使用了二维码技术，针对教材中的教学重点和难点制作了演示视频、音频等多媒体素材，学生使用移动终端扫描二维码即可在线观看或收听相应内容。

本套教材的编写得到了有关学校的大力支持，教材编审人员做了大量的工作，在此我们表示衷心的感谢！同时，恳切希望广大读者对教材提出宝贵的意见和建议。

人力资源社会保障部教材办公室

目　录

第一章
幼儿体适能与体适能课程

学习目标

1. 熟悉幼儿体适能的概念和发展目标。

2. 掌握幼儿体适能课程的概念和教学内容。

3. 了解幼儿体适能课程开展的影响因素。

建议课时：10 课时

本章先介绍幼儿体适能的概念及发展目标，在此基础上，引出了幼儿体适能课程的相关概念、教学内容与教学原则，同时，对当前我国幼儿体适能课程开展的影响因素进行了分析，最后提出了提升体适能课程质量的措施。

第一节　幼儿体适能概述

幼儿期是人生最重要的时期之一，这个时期对人的身心健康发展意义重大，就如同盖房子，夯实地基是房子稳固的基础。因此，对于幼儿而言，幼儿期最重要的事是增强体质，开发智力，养成良好的行为习惯，提高社会适应力，为探索未来打下良好的基础。

一、幼儿体适能概念

体适能是指身体各部位或各系统对突发状况的应变能力，其涵盖的范围较广，包括身体速度、反应能力、耐力、平衡性、柔软性、协调性、敏捷性、注意力、意志力等多个方面。因此，幼儿体适能发展可分为身体健康发展与心理健康发展两部分：身体健康发展主要包含运动相关体适能的发展和健康相关体适能的发展，心理健康发展包含具有团结协作精神、意志力强大、不怕艰难、勇敢自信、果断、理性等良好的意志品质的发展。

二、幼儿体适能发展目标

2016 年，教育部公布的《幼儿园工作规程》中，幼儿园保育和教育的主要目标的第一项就是“促进幼儿身体正常发育和机能的协调发展，增强体质，促进心理健康，培养良好的生活习惯、卫生习惯和参加体育活动的兴趣”。体适能是在体育类游戏活动中对幼儿最基本的能力要求，包括身体素质和基本运动技能两个方面。身体素质包括身体力量、速度、灵敏性、协调性、平衡力、耐力、柔韧性等。基本运动技能包括走、跑、跳、投掷、平衡、钻爬等。体适能的发展情况和水平是衡量幼儿身体发展与健康水平的重要指标，也是影响幼儿心理发展的一个重要因素。在幼儿园体育活动中，体适能活动能够提高幼儿的身体素质，增强其活动能力，同时，也能够提高幼儿对外界环境的适应能力以及自我保护能力。幼儿体适能发展的具体目标如下。

1. 走的目标

（1）幼儿改进自然走步动作，做到步幅大而均匀，落地轻柔，姿势端正，摆臂自然协调，节奏稳定，有精神；初步掌握闭目走、后退走、前脚掌走、提肩和背物走的合理方法；能独立想出新的走步方法；排队走步时能保持队形并能和集体中其他人节奏一致。

（2）幼儿学会 2~3 个走步游戏，有一定的独立游戏的能力。

（3）幼儿方位知觉、节奏和速度知觉发展，注意能力、观察能力、想象能力和创新能力提升，有遵守规则与纪律的意识。

2. 跑的目标

（1）幼儿初步懂得步子大、步频高才能跑得快，懂得屈臂摆动能跑得又快又省力；跑步蹬地有力，方向正，落地较轻，能屈臂前后自然摆动，能掌握持物跑、后退跑、侧向跑、突然变向跑等动作技巧；20 米直线快跑用时不超过 6 秒。

（2）幼儿对跑步活动感兴趣，能体验到跑步游戏中运动、竞赛、创新、模仿等方面的乐趣，并想要提高自己的跑步速度；幼儿喜欢比赛，能主动努力去争取赢得游戏，能在赢得游戏时不骄傲，输掉游戏时不泄气，同时对对手友好；幼儿能根据活动目标和自己体力调节跑速，能主动克服困难去实现跑步目标。

3. 跳的目标

（1）幼儿能熟练地向不同方向双脚跳，起跳时上下肢协调，落地轻稳；能熟练地做跨跳和单脚连续跳，连续跳时落地较轻、动作连贯、节奏稳定；初步掌握正摇双腿跳绳，能连续跳 10 次以上；立定跳远的距离不少于 90 厘米；能单脚连续跳不少于 5 米。

（2）幼儿跳跃、模仿、创新、审美、交往能力提升，对竞赛感兴趣，能与人友好合作并乐于助人。

4. 投掷的目标

（1）幼儿能改进已掌握的投掷动作；投掷时能注意全身协调用力，挥臂较快，能注意向前上方投，并能初步控制投掷方向，全身协调用力意识和控制出手角度意识强；双手腹前投球（重 300 克）男不少于 5.5 米，女不少于 5 米；肩投沙包（重 150 克）男不少于 5 米，女不少于 4 米。

（2）幼儿喜爱投掷，热爱比赛，想投得更远、更准。

5. 平衡的目标

（1）幼儿能熟练地掌握走平衡木、单脚站立和原地旋转的要点，能稳定地、放松地走过宽 10 厘米、高 20 厘米、长 200 厘米的平衡木；单脚站立持续时间男不少于 45 秒，女不少于 50 秒。

（2）幼儿对平衡游戏感兴趣，幼儿喜爱走窄道、旋转、闭目移动和翻滚活动；幼儿能勇敢、自信和沉着，在不稳定的物体上站立和走动时能不慌张。

6. 钻爬的目标

（1）幼儿继续改进已掌握的爬行动作，学习侧身爬等爬行动作，提高钻洞能力，爬行速度不慢于 10 米 /7 秒。

（2）幼儿的力量、速度、灵敏性、协调性等运动素质提高。

（3）幼儿对钻爬、创新活动感兴趣，有竞争和合作精神；幼儿喜爱钻爬活动，并能独立想出新的钻爬动作。

7. 球类的目标

（1）幼儿能双手较熟练地拍打球，初步掌握双手走步拍球。

（2）幼儿双手接球时能伸臂接球，触球后能屈臂；能眼看来球，主动向来球方向伸臂迎球，能双手手心向上或相对接住近处传来的较平直的球。

（3）幼儿初步学会单手、双手肩上传球，能独立变化拍球动作。

（4）幼儿能掌握双手腹前抛球和头上投掷动作，两手用力均衡，能用皮球投中 3 米远的垂直图靶（直径 40 厘米，圆心离地面 1 米）。

（5）幼儿对竞赛、创新和协同活动感兴趣，爱思考。

第二节　幼儿体适能课程概述

一、幼儿体适能课程概念

幼儿体适能课程是一门专为 3~6 岁幼儿设计规划的体育健康课程，是将身体机能开发、智力与潜能开发、品德修养和社会适应力培养相结合的课程。该课程由幼儿教育专家林永哲先生创立并推广，在经过多年的实践与改进后，逐渐形成了独特的“玩性”教学理念，即追求幼儿拥有快乐的童年，利用幼儿“玩性”使其玩出道理、玩出健康，同时通过让幼儿体验生活，增强幼儿体质并提高其对社会的适应能力。

二、幼儿体适能课程教学内容

体适能课程的核心是开展体适能活动，让幼儿“学中玩，玩中学”，旨在让幼儿在活动中获得学习乐趣，提升自身能力，增强适应力。体适能活动又由各种小的游戏组成，体适能活动中涉及的游戏可分为三类，即发展动作类游戏、一物多玩类游戏和民间传统类游戏。

1. 发展动作类游戏

发展动作类游戏的基本动作是指人们在日常生活和社会实践活动中必须掌握的、最基本的运动技能，如走、跑、跳、投掷、钻、爬、攀登等，也称为基本运动动作。

在日常生活和体育运动中，除了以上 7 种最基本的运动动作以外，还有其他的一些运动动作，例如抛、滚、踢、扛、背、抱、推、拉、搬、吊等，练习这些动作对提升幼儿的体适能有很大帮助。

（1）走

走，也称为走步，是最基本、最自然、最容易和最省力的一种运动方式。走能提高幼儿的平衡能力和协调能力，发展其肌肉的耐力和心肺耐力等，是一种非常好的有氧运动。

走的动作要领：动作自然、放松，上身保持直立，两臂适度地前后自然摆动；膝盖伸直，步幅适中，步伐适度有节奏；脚尖稍向正前方，两脚落地要轻。

（2）跑

跑是人们掌握的最基本的运动技能之一，也是人们锻炼身体的重要手段。幼儿经常跑步，可以有效增强幼儿腿部的肌肉力量，提高幼儿的身体反应速度、灵敏性及耐力。跑步与走之间最本质的区别在于：跑步时，两脚有同时离开地面的时间，即腾空阶段；走的过程中始终有一只脚需要接触地面。

跑步动作要领：上身直立，稍向前倾；要有蹬地和腾空的阶段，脚落地时要轻，快跑时要用力蹬地，两手轻轻握拳，两臂屈肘于体侧并前后自然摆动。

（3）跳

跳是幼儿需要掌握的基本动作技能之一，跳跃练习可以增加幼儿腿部的肌肉力量，增强其弹跳能力，提高幼儿身体的灵敏性、协调能力等。跳跃动作的形式丰富多样，有双脚跳、单脚跳、纵跳、侧跳、后跳、从高处向下跳、立定跳远、助跑跨跳等。

跳跃动作要领：蹬地动作要有力、快速，落地动作要轻；落地时为保持身体平衡，要弯曲下肢关节。

（4）投掷

投掷动作具有较高的锻炼价值，投掷动作可以增强幼儿上肢、腰部、背部等部位的肌肉力量，活动上肢部位的各个关节，提高幼儿身体的柔韧性，还可以提升幼儿动作的准确性、协调性以及促进幼儿视觉运动能力的发展。投掷动作通常可以分为掷远和掷准两种：掷远，就是将投掷物尽可能地掷得远一些；掷准，就是尽可能地用投掷物击中指定的目标。掷准动作要比掷远动作难一些。

投掷动作要领：准备姿势为两脚前后开立，以右手为惯用手为例，左脚在前，右脚在后，右腿膝关节微屈，左腿伸直。左手瞄准高度，右手举起投掷物，肘关节向下，不要把手放在后脑勺后，也不要肘关节朝上；投的时候身体向侧边旋转，并随着投掷的过程将身体转向出手的方向，出手速度快，身体保持直立，手腕不能往下翻，重心由后脚转移至前脚；投完之后，身体仍然保持直立姿势，不能弯腰。

（5）钻

钻的动作可以增强幼儿腿部和腰部的肌肉力量，提升幼儿身体的灵敏性、柔韧性和平衡性。钻是深受幼儿喜爱的动作，由钻的动作和障碍物组成，按身体的移动方向可以分为正面钻、侧面钻等。

钻的动作要领：正面钻，身体要正对着障碍物，屈膝下蹲，低头弯腰，身体尽量蜷缩，慢慢移动双脚；侧面钻，身体要侧对着障碍物，两腿屈膝，前腿从障碍物下穿过，然后低头弯腰，侧身从障碍物下钻过。

（6）爬

爬是幼儿游戏中最常用的游戏动作之一，爬的动作能增强幼儿四肢肌肉的力量以及其背部、腹部肌肉的力量，提高幼儿动作的灵敏性和协调性，锻炼幼儿的耐力。爬的动作形式有很多种，有老虎爬、蜘蛛爬、螃蟹爬、匍匐爬、毛毛虫蠕动爬等。

（7）攀登

攀登动作可提升幼儿上肢力量和身体协调性。攀登动作一般可以分为三种形式：双手攀登、双脚攀登、双手双脚共同攀登。攀登时手脚攀附的对象都要稳健牢固，以保证幼儿安全。

2. 一物多玩类游戏

一物多玩类游戏，是指利用同一种玩具玩多种游戏。不同年龄段幼儿适合的一物多玩类游戏不同，适合 3~4 岁、4~5 岁、5~6 岁幼儿的部分一物多玩类游戏如下。

（1）适合 3~4 岁幼儿的一物多玩类游戏

① 大笼球游戏。

大笼球采用环保 PVC 材料制成，具有车胎般的抗压性和气球般的高弹力，常用的大笼球大多表面布满软刺。大笼球一般用于训练幼儿的平衡感、躯体反射和缓解肌肉痉挛等，在前庭平衡训练、注意力训练、空间感知能力训练活动中也可发挥作用。

② 滑板游戏。

滑板是很多幼儿园在感统训练中采用的教具。滑板是公认的感统训练中最具效果的教具之一，滑板俯冲可对前庭觉、本体觉、视觉产生刺激，可以改善和提升幼儿的专注力、身体的感知力、控制和协调的能力以及手眼协调能力；同时，它还满足了幼儿对游戏和运动的双重需求。

③ 体能圈游戏。

体能圈是幼儿非常熟悉的玩具之一。体能圈类游戏可以让幼儿在游戏的过程中找到多种体能圈的玩法，让其体验到创新的乐趣，促使其敢于创新，增强其自信心，同时还可以培养幼儿与人合作的意识。

（2）适合 4~5 岁幼儿的一物多玩类游戏

① 球类游戏。

球是幼儿园户外活动中常见的小型玩具之一，如果总是遵循同样的玩法，玩久了，幼儿会失去新鲜感和兴趣。球的玩法非常多，它可以锻炼幼儿各个方面的能力，在体适能课程中教师可根据教学需要，将球作为游戏道具的一种，设计多种玩法，让幼儿在产生兴趣、得到锻炼的同时，创造能力得到提升，使幼儿身心得到全面的发展。

② 轮胎游戏。

轮胎可以有各种各样的玩法，可以推着轮胎绕过障碍物，也可以把轮胎都摆放在地上，踩着轮胎的边缘走迷宫，还可以利用轮胎开展跳跃游戏。以轮胎为道具的游戏活动，能够锻炼幼儿的平衡能力、协调能力和身体的灵活性，还能培养幼儿合作、谦让等良好的品质。

③ 彩虹伞游戏。

彩虹伞游戏是培养幼儿节奏感和认知的游戏，它的玩法有很多种，例如转转彩虹伞，跳跃颜色等。彩虹伞游戏的规则非常简单，教师和幼儿可以一起充分参与游戏，同时，该游戏还可作为亲子游戏开展。

（3）适合 5~6 岁幼儿的一物多玩类游戏

① 篮球游戏。

篮球游戏作为集体体育运动项目的代表，涵盖了跑、跳、投等多种身体运动形式，运动强度较大，能很好地锻炼、刺激幼儿的大脑，培养幼儿手眼协调能力、手脚协调能力，使幼儿全身协调发展。篮球游戏可增加幼儿间的交流，增强幼儿间的友谊，同时，还能有效地锻炼幼儿的心理素质，增强幼儿的接受能力和适应能力。

② 绳类游戏。

绳子的玩法非常多，绳子是幼儿游戏中使用率非常高的游戏道具。使用绳子作为游戏道具，成本低、灵活性强，幼儿通过各种绳类游戏可充分体验运动的快乐。绳类游戏可以帮助幼儿练习基本运动动作，锻炼幼儿的大小肌肉，促进幼儿运动技能的提高；同时，还可以让不同年龄的幼儿探索不同的游戏玩法以增强游戏乐趣。

③ 滑溜布游戏。

滑溜布是一种布质的户外运动游戏道具，它的表面光光的、滑溜溜的，利用它的特点，可开展多种有趣的集体体育活动。用它开展游戏活动时，幼儿参与度较高，活动氛围好，能够充分调动幼儿的积极性，让幼儿喜欢集体活动。

3. 民间传统类游戏

民间传统类游戏是指由广大劳动人民根据自己的生活经验自发创编并在民间广泛流传的游戏，包括自古流传下来的游戏和现代人根据这些游戏改编而成的游戏。由于这些民间传统类游戏具有很强的实用性和娱乐性，因此流传甚广并深受幼儿的喜爱。民间传统类游戏作为游戏的一种也能促进幼儿多方面的发展。体适能课程中常玩的民间传统类游戏有猜猜我是谁、木头人、老鹰捉小鸡、丢手绢、丢沙包等。

（1）木头人

游戏玩法：

① 所有幼儿一起喊口令：“我们都是木头人，不许说话不许动，不许走路不许笑！”

② 喊完口令后，所有幼儿立即进入静止状态，无论是什么姿势，都必须保持静止不动。

③ 如果有一人忍不住说话，或者笑，或者移动，则这个人是本轮游戏失败者，要暂时退出游戏。

④ 教师可创编各种游戏规则，例如让幼儿单脚站立不动、下蹲不动、一手着地不动等，以充分锻炼幼儿的反应能力和耐力。

（2）老鹰捉小鸡

游戏准备：

老鹰头饰 1 个，鸡妈妈头饰 1 个、小鸡宝宝头饰若干。

游戏玩法：

① 通过猜拳分别定出扮演老鹰、鸡妈妈、小鸡宝宝的幼儿。

② 小鸡宝宝站在鸡妈妈的身后，依次抓住鸡妈妈或前面的小鸡，注意跑动避开老

鹰的抓捕。老鹰要努力抓到小鸡宝宝，同时，不可以推鸡妈妈，只能通过跑动避开鸡妈妈，如图 1–1 所示，老鹰抓到鸡妈妈后面的小鸡宝宝时，一轮游戏结束。

图 1–1 老鹰捉小鸡

③ 鸡妈妈可以抓、拽、推、抱老鹰，需要张开双臂跑，尽力挡住老鹰。鸡妈妈在拦老鹰的同时，可以大声喊着“老鹰从那边过来了”等话语，提示自己身后的小鸡宝宝。

④ 鸡妈妈为防止老鹰捕捉到小鸡宝宝，身体可以左右移动，在鸡妈妈身体左右移动的同时，鸡妈妈身后的小鸡宝宝也要随着向相同方向移动。如果老鹰突破了鸡妈妈的防线，在它快要抓住最后面的小鸡宝宝时，小鸡宝宝可立即蹲下，双手捂住耳朵，这样老鹰就需要重新站在鸡妈妈的对面，游戏重新开始。如小鸡宝宝散开，一轮游戏结束。

⑤ 被抓住或散开的小鸡宝宝在下一轮游戏里扮演老鹰。

（3）丢手绢

游戏准备：

手绢。

游戏玩法：

① 幼儿围成一圈坐下，如图 1–2 所示，其中的幼儿 A 站起来，拿着手绢，开始在幼儿们身后绕圈走。

② 坐着的幼儿开始唱歌：“丢，丢，丢手绢，轻轻地放在小朋友的后面，大家不要告诉他。不要不要告诉他，不要不要告诉他。”

图 1-2　丢手绢

③ 歌曲结束之前拿着手绢的幼儿 A 必须把手绢悄悄放在某个幼儿 B 的身后，然后快速回到自己原本的位置，被选中的幼儿 B 必须第一时间发现手绢在自己身后，然后立刻拿起手绢追丢手绢的幼儿 A。

④ 如果幼儿 B 追上幼儿 A，则幼儿 B 胜利，否则幼儿 B 就输掉游戏，需要表演一个节目。

（4）丢沙包

游戏准备：

沙包。

游戏玩法：

① 两名幼儿分别站在两边丢沙包，其余幼儿在丢沙包的两名幼儿中间移动躲沙包。

② 该游戏一般采取淘汰制，躲沙包的幼儿若被沙包击中则被淘汰，如果幼儿用手直接抓住了丢过来的沙包，则有一次“生还机会”，游戏继续。

③ 丢沙包是比较活跃的游戏，能够提升幼儿的身体灵敏度。在游戏过程中，教师要时刻注意幼儿的安全，掌控全局。

三、幼儿体适能课程教学原则

为了使体适能课程开展得更加有效和科学，结合幼儿体育活动的特性以及幼儿的年龄特点，幼儿园在开展体适能课程时，应遵循以下基本原则。

1. 运动适量原则

教师在体适能课程中组织幼儿开展体适能活动时，要根据运动技能掌握的难易程度、幼儿的年龄特点、幼儿的身体状态来安排体适能活动，科学控制整堂课运动量的大小，在使幼儿充分运动的同时，防止其因运动量过大身体受到伤害。

2. 游戏性原则

喜欢玩游戏是幼儿的天性，幼儿阶段的体育活动不同于青少年儿童的体能训练，教师在讲授知识或讲解动作时，需要用幼儿喜爱的、适合的游戏形式进行，可以将知识点融入故事情境中，来激发幼儿的兴趣。

3. 教育性原则

教育是开展幼儿体适能课程的目的，幼儿体适能课程活动不仅可以帮助幼儿锻炼身体，还可以培养幼儿意志品质，有助于幼儿发现兴趣爱好，养成良好的行为习惯。体适能课程通过体育活动的体验式教学和情境游戏式教学，向幼儿传授知识，对其进行行为习惯引导，可以潜移默化地对幼儿进行思想教育，使幼儿在活动中受益。

4. 适当保护原则

开展体适能课程，强调幼儿的安全第一，但也不要过度保护幼儿。在活动设置中，安全是第一原则，因此不可出现有损幼儿身体健康的活动；在器材选取上，要选用材料安全的器材，同时，要正确使用器材；开展活动前，教师要认真检查场地和器材，消除安全隐患，并在活动中给幼儿做好防护措施。在完成以上准备的前提下，可以让幼儿大胆参与活动、大胆尝试，在活动中学会自我保护。

5. 因材施教原则

教学过程中，每个幼儿都是一个独立的个体，有自己的发展节奏，这就要求教师在教学过程中要尊重每一个幼儿，关注到幼儿的个体差异，在预定目标范围内让幼儿自我成长。

6. 灵活多变原则

教案设置是固定的，幼儿的状态、天气温度、场地环境是多变的，教师要有随机应变的能力，在开展活动前做好充分准备，如遇特殊情况可在不影响活动目标完成的前提下灵活调整活动方案，以达到最佳教学效果。

7. 最近发展区原则

让幼儿在活动中有进步，是活动组织的重要目的。最近发展区原则是指教师要尊重幼儿现有的技能和认知水平，根据他们的最近发展区，制定合理的活动目标，让他们“跳一跳能够得着”，然后使幼儿通过当次活动顺利进入下一个发展区，实现其能力提升的良性循环。

四、幼儿体适能课程开展的影响因素

体适能课程的开展主要受幼儿、幼儿家庭和幼儿园三方面的影响。

1. 幼儿方面影响因素

（1）肥胖

《中国居民膳食指南（2022）》指出，目前我国 6 岁以下儿童的超重肥胖率已经达到了 10.4%，即 10 名儿童中就有 1 名儿童肥胖。儿童肥胖不仅影响儿童身体素质和运动能力，也间接地影响了体适能课程的顺利开展。

（2）感统失调

感统失调被认为是与现代生活模式有关的一种“时代疾病”，但是，它并不是一种真正意义上的疾病，大多是由于运动不足、触觉刺激不足等产生的。感统失调的幼儿大多协调性差、平衡感差，而对幼儿的协调性、平衡感的培养正是体适能课程开展的重要目标。

2. 幼儿家庭方面影响因素

（1）没有足够的活动空间和场所

城市里的幼儿，生活空间和活动空间相对狭小，户外能够进行体育锻炼的地方也相对较少，幼儿缺少足够的活动空间和场所。

（2）缺少与大自然的接触

由于城市空间有限，城市里的幼儿大多与大自然接触较少，失去了很多感知大自然的机会。

（3）与电子产品接触过多

目前在市场上，电子产品的种类非常多，各种 App 资源丰富，极大地吸引了幼儿的注意力。电子产品占据了幼儿太多的时间，也间接地造成了幼儿运动量过少。

（4）父母与幼儿游戏互动少

现代父母大多忙于工作、忙于奔波、忙于应酬，与幼儿的游戏互动时间较少。

（5）家庭养育方式不科学

不科学、不合理的养育方式如对幼儿保护过度、限制太多等，都对幼儿园开展体适能课程产生间接影响。

3. 幼儿园方面影响因素

在实际的教学中，幼儿园制订的教学计划无法将符合幼儿年龄特点的体育活动与智力开发项目相结合，也是体适能课程不能顺利开展的重要因素之一。目前，由于种种原因，幼儿园经常将体适能课程作为一节体育课来开展，久而久之，幼儿的体能确实得到了一定的提升，但是在单纯的体育活动中，幼儿人能、智能等方面得到的锻炼却不是很多。影响体适能课程开展的因素主要有以下几点。

（1）幼儿园、教师怕发生安全事故

有些教师一味地认为幼儿在教室里活动要比在户外活动安全，所以安排幼儿户外活动的时间不是很充足。

（2）教师的业务能力不足

许多教师将体适能课程作为体育课来开展，这样大大地限制了幼儿除体能外其他方面能力的发展。

（3）体育器材不够完备

幼儿园不能很好地配备相关的体育器材，也是体适能课程不能很好地开展的重要原因之一。体适能课程的开展需要幼儿园配有全方位的体育游戏器材，如感统器材等，这样体适能课程才能开展得更加顺利，从而促进幼儿全面协调发展。

五、提升体适能课程质量的措施

1. 强调教师的安全责任

作为课程的组织者，教师除了自身应该具备一定的技能、认真的态度、合适的仪表外，更要时时刻刻具有安全意识。

2. 优化教师的教学方法

作为幼儿的玩伴，教师要注重幼儿发展的个体差异及性格差异，努力挖掘他们每一个人身上的潜能。在活动的过程中，要让幼儿先思考动作的要领，而不是强制地下命令让幼儿照做。

3. 加强对教师的培训学习

幼儿运动的基础是体能，教师可以利用体适能活动，激发幼儿的勇气，培养幼儿的合作能力等。所以说体适能不仅是指幼儿的体能，它还涉及幼儿多方面的能力。

4. 增加幼儿园男性教师数量

充满阳刚气息的男教师，可激发幼儿对体适能活动的兴趣，对培养幼儿活泼开朗、勇敢果断、坚强自信等品质大有帮助。因此，幼儿园要适当地增加男性教师的数量，这样才能够更好地开展体适能课程。

5. 体适能活动要生活化

体适能活动生活化有助于幼儿理解游戏规则，充分激发幼儿的兴趣。教师应注意活动内容的设计，使活动更加趣味化、生活化、故事化、儿童化、卡通化，这有助于幼儿积极参与其中，充分体验到体适能活动的乐趣。

6. 可通过音乐使游戏充满活力

体适能课程中穿插音乐律动教学，可使幼儿潜移默化地掌握音乐的节奏，发现音乐与艺术的奥妙，从而增强其对音乐的感知能力和兴趣，对幼儿身心的健康、情操的陶冶和智力的开发都有着重要的作用。

因此，在实际教学中，教师要组织丰富多彩的体适能活动，加大对体适能活动的宣传力度，提高幼儿对体适能活动的认识；幼儿园要加强师资力量的建设，为幼儿科学、合理地安排体适能活动，同时，提供充足的体育器材，改变怕幼儿受伤害而不组织体适能活动的思想。总而言之，幼儿在体适能方面的发展进步需要幼儿园和教师的不懈努力。

第二章
3~4 岁幼儿体适能活动

学习目标

1. 了解 3~4 岁幼儿年龄特征及体适能发展目标。
2. 掌握 3~4 岁幼儿体适能活动游戏素材。
3. 熟悉 3~4 岁幼儿体适能活动案例。

建议课时：22 课时

本章主要介绍 3~4 岁幼儿年龄特征、体适能发展目标。同时，本章还提供了大量 3~4 岁幼儿体适能活动游戏素材及体适能活动案例，供学习参考。

第一节　3~4 岁幼儿体适能活动指导

一、3~4 岁幼儿年龄特征

3~4 岁幼儿刚刚进入幼儿园，一方面，他们身上还有着 3 岁前未入园幼儿的特点，天真可爱，又以自我为中心；另一方面，由于进入幼儿园后身心迅速发展，他们开始有独立社交，进入集体生活。因此，3~4 岁幼儿的年龄特征十分突出。

1. 动作发展快

该年龄段幼儿身体处于快速发展的时期，动作发展是其身体发展的重要标志。由于骨骼肌肉的发展和大脑调节控制能力的不断增强，幼儿的动作发展非常快。

2. 认知靠行动

该年龄段幼儿思维形式正处于由动作和视觉思维向具体形象思维的过渡阶段，他们的认知在很大程度上要依赖行动，他们常常通过自己的行动表达需求。

3. 情绪作用大

情绪对该年龄段幼儿的支配作用很大，他们容易激动，而且激动起来就难以控制。他们的认知主要受外界事物和自己的情绪支配，他们的许多行为也都是“情绪化”的。

4. 爱模仿

爱模仿是该年龄段幼儿突出的特征，他们喜欢模仿教师、家长和伙伴，他们在模仿中学习、成长。

5. 常把假象当真

该年龄段幼儿常把自己假想的事情当作真实的事情，这是他们想象力夸张的表现。幼儿喜欢游戏，就是因为他们容易沉迷于想象的情境中，把自己真的当成了游戏中的人物。这一特点在 3~4 岁的幼儿身上表现十分突出。

二、3~4 岁幼儿体适能发展目标

2012 年，教育部印发的《3~6 岁儿童学习与发展指南》（以下简称《指南》）将幼儿的学习与发展分为健康、语言、社会、科学、艺术五个领域，每个领域按照幼儿学习与发展最基本、最重要的内容被划分为若干方面，在健康领域对 3~4 岁幼儿动作发展的要求见表 2–1。

表 2–1　在健康领域对 3~4 岁幼儿动作发展的要求

要求	具体表现
具有一定的平衡能力，动作协调、灵敏	① 能沿地面直线或在较窄的低矮物体上走一段距离 ② 能双脚灵活交替上下楼梯 ③ 能身体平稳地双脚连续向前跳 ④ 分散跑时能躲避他人的碰撞 ⑤ 能双手向上抛球

续表

要求	具体表现
具有一定的力量和耐力	① 能双手抓杠悬空吊起 10 秒左右 ② 能单手将沙包向前投掷 2 米左右 ③ 能单脚连续向前跳 2 米左右
手的动作灵活协调	① 能用笔涂涂画画 ② 能熟练地用勺子吃饭 ③ 能用剪刀沿直线剪，边线基本吻合

根据《指南》，3~4 岁幼儿体适能发展目标可概括为以下几点：

1. 喜欢参加体适能活动，敢于尝试玩各种小型运动器材，能感受到体适能活动的快乐。

2. 能学习模仿做操，动作基本到位。

3. 走、跑步时动作自然，不与他人碰撞，能较灵活地控制方向。

4. 能双脚平稳地自然跳跃。

5. 学习用单手自然地向前方投掷，能灵活地正面钻和手膝爬，能自然地攀登较矮的运动器材。

第二节　3~4 岁幼儿体适能活动游戏素材

一、发展动作类体适能游戏

1. 走

（1）脚尖走一走，脚后跟走一走，膝盖走一走

游戏玩法：

① 脚尖走一走（见图 2–1）：将脚尖立起来，踮着脚走路，脚尖立起后身体会变高一些。

② 脚后跟走一走（见图 2–2）：把脚掌翘起，只使用脚后跟走路。该动作需要幼儿调整好身体平衡。

③ 膝盖走一走（见图 2–3）：双腿跪在运动垫上走

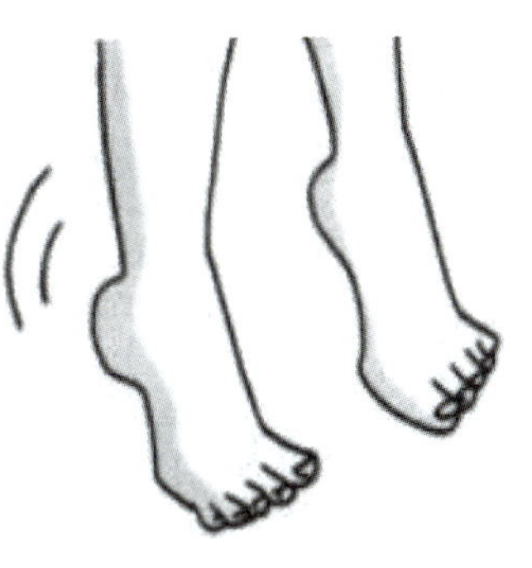

图 2–1　脚尖走一走

路。这个动作容易使幼儿身体向前倾，教师一定要注意幼儿安全。

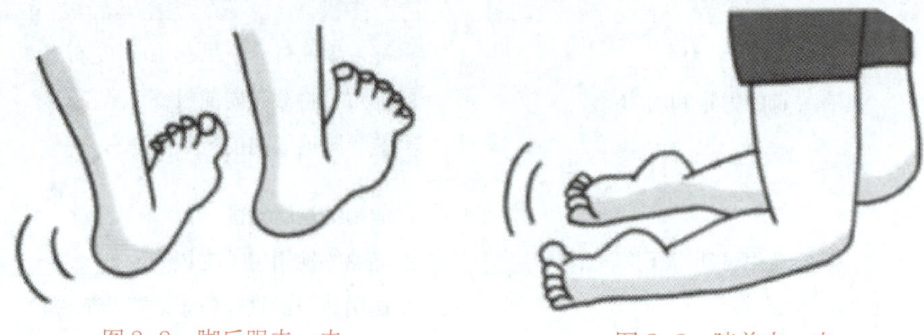

图 2-2　脚后跟走一走　　图 2-3　膝盖走一走

注意事项：

教师要半跪在运动垫的一侧。幼儿使用膝盖走路时容易向前摔倒，教师要注意看护，发现幼儿快要摔倒时，教师要赶快去扶住他们。

（2）独木桥

这是与平衡木具有同等功能的游戏道具。教师可灵活运用绳子的特性，摆出各种形状的桥来引导幼儿玩过桥游戏。

游戏准备：

绳子。

游戏玩法：

① 教师将绳子拉开，放在地板上作为独木桥。

② 幼儿踩着绳子走路，如图 2–4 所示。

③ 在游戏过程中教师做好保护措施，并鼓励幼儿前进。

④ 教师进行计时，谁在最短时间到达终点谁获得胜利。

（3）曲线桥

游戏准备：

绳子。

游戏玩法：

① 教师将绳子随意摆放在地面上，尽可能增加曲线数量和增大曲线角度。

② 弯弯的桥准备好后，幼儿就可以小心地过桥了，如图 2–5 所示。

③ 幼儿依次走过曲线桥，用时最短者获得胜利。

图 2-4　独木桥游戏玩法

图 2-5　曲线桥游戏玩法

2. 跑

（1）小球——跑一跑，追小球

这是一个需要幼儿追赶球的游戏。教师要指导幼儿盯紧目标（球）进行追赶，如图 2-6 所示。

图 2-6　跑一跑，追小球

游戏准备：

球。

游戏玩法：

① 教师设置好路线以及起点线，并向幼儿介绍游戏规则。

② 教师和幼儿同时站在起点处。

③ 教师站在起点线处将小球向前推出。

④ 幼儿跑步前进追赶小球，直到超过小球为止。

注意事项：

教师在面对不同的幼儿时，推球力度也可以不同。

（2）危机冲刺

这个游戏需要幼儿在旋转的呼啦圈倒下前跑步绕过三角形障碍物并返回起点，如图 2-7 所示。这是一个可以提高幼儿专注力的游戏。

图 2-7　危机冲刺

游戏准备：

呼啦圈、三角形障碍物。

游戏玩法：

① 教师站在起点，将呼啦圈立起后使劲旋转。

② 幼儿在教师旋转呼啦圈时出发，并要在呼啦圈倒下之前绕过障碍物，返回起点。

③ 三角形障碍物可以放置在距离起点 4~5 米的地方，幼儿绕过障碍物后，跑回起点。

（3）螺旋桨移动

这个游戏需要幼儿一边在身体侧面或头顶上旋转绳子，一边走路或跑步，如图 2-8 所示。

图 2-8　螺旋桨移动

游戏准备：

绳子。

游戏玩法：

① 教师将绳子折成四折后递给幼儿，幼儿一只手拿着绳子在身体侧面，一边旋转，一边走路。

② 幼儿将绳子举到头顶上方，一边旋转，一边走路。待这个动作练熟练后，可以改为边转绳子边跑步。

注意事项：

① 注意不要让幼儿总是用同一只手转绳子，要保证幼儿的两只手都得到很好的训练。

② 组织多名幼儿同时进行这项游戏时，教师要确保每两名幼儿之间的空间距离足够大，避免幼儿在移动的过程中被其他幼儿的绳子抽到。

3. 跳

（1）圈圈跳

游戏准备：

小号的呼啦圈。

游戏玩法：

① 教师按照一定的顺序将呼啦圈放置在地面上，并示范动作——双膝微屈，微微下蹲，双脚向前跳，从一个呼啦圈跳向下一个呼啦圈。

② 组织幼儿排成一列纵队依次完成跳跃，完成之后返回起点处重新排队，如图 2–9 所示。

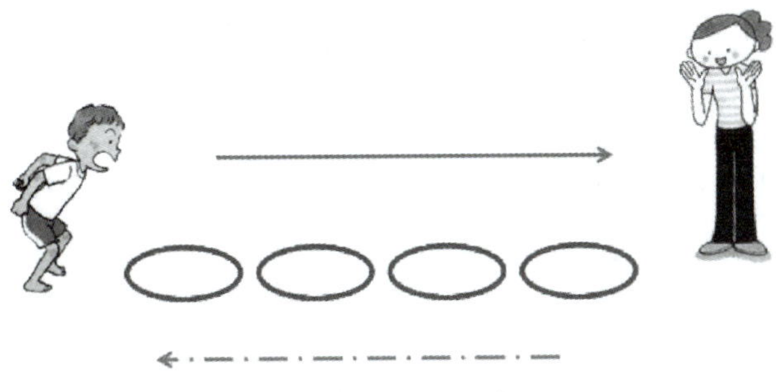

图 2–9　圈圈跳

注意事项：

① 游戏难度可以调整，例如可以改变呼啦圈间的距离，或变成单脚跳。

② 教师要提醒幼儿在跳跃的时候注意安全，提醒幼儿不要着急，要与前面的人拉开距离。

(2) 跳袋

游戏准备：

跳袋、障碍物（跨栏、呼啦圈）、绳子。

游戏玩法：

① 教师示范袋鼠如何跳，幼儿模仿袋鼠跳的动作。

② 两名教师在终点处拉好绳子，教师示范如何穿上跳袋向前跳并到达终点，同时指导幼儿穿上跳袋向前跳，如图 2-10 所示。

③ 教师示范如何穿上跳袋跳并跨越障碍物到达终点，同时指导幼儿进行练习并组织幼儿开展游戏。

图 2-10　跳袋

注意事项：

① 在幼儿跳跃的过程中，教师一定要关注到每一位幼儿，避免幼儿在跳跃的过程中被绊倒磕伤。

② 游戏的规则可以调整，可以由个人赛过渡到小组赛。

(3) 换腿跳

游戏玩法：

① 教师示范单腿跳（每次向前跳一下，然后双脚落地保持平衡），并指导幼儿练习，如图 2-11 所示。待幼儿左右腿跳均熟练后，游戏正式开始。

② 教师发布口令“请左腿站立向前跳”“请右腿站立向前跳”。

注意事项：

教师要均等地发布两个口令以便幼儿两条腿均衡练习，同时发布口令要快速清晰。

图 2-11　换腿跳

（4）模仿小兔子跳一跳

游戏玩法：

① 教师讲解游戏要求并示范小兔子跳的动作：双手举起，扮作小兔子的长耳朵，跳一下，如图 2-12 所示。

图 2-12　模仿小兔子跳一跳

② 教师示范结束后，组织幼儿进行游戏。

③ 在幼儿跳的过程中，教师可以播放相关音乐，幼儿跟随音乐节奏进行小兔子跳的练习。

注意事项：

教师要根据幼儿的动作掌握程度循序渐进地提高游戏要求，可以从动作练习过渡到竞赛。

（5）模仿小青蛙跳一跳

游戏玩法：

① 教师讲解游戏要求并示范小青蛙跳的动作：双腿弯曲，身体下蹲，双手放在地上，抬起双手后双脚蹬地向上跳跃，如图 2-13 所示。

② 教师示范结束后，组织幼儿进行游戏。

③ 在幼儿跳的过程中，教师可以播放相关音乐，幼儿跟随音乐节奏进行小青蛙跳的练习。

④ 教师也可以将幼儿分成不同的组，进行小青蛙跳的比赛。

注意事项：

教师要根据幼儿的能力和动作掌握程度循序渐进地提高游戏要求，可以从动作练习过渡到竞赛。同时，教师要注意幼儿小青蛙跳的动作是否规范。

图 2-13　模仿小青蛙跳一跳

（6）旋转侧面跳

这个游戏需要幼儿旋转跳跃着通过运动垫，如图 2-14 所示。

游戏准备：

运动垫。

游戏玩法：

① 教师设计并讲解游戏规则，规划、布置场地。

② 幼儿旋转身体进行跳跃，落地时身体的朝向要与起跳时身体的朝向相反。

③ 幼儿要一边旋转跳跃，一边前进，反复进行这个动作，直到通过运动垫。

图 2-14 旋转侧面跳

注意事项：

为了防止幼儿摔倒，教师要集中注意力，幼儿身体失去平衡时教师要及时扶住幼儿。

4. 投掷

（1）捡和扔

游戏准备：

沙包。

游戏玩法：

① 教师先进行示范：将沙包放在手里，摆出向前扔的姿势，将沙包扔出去，如图 2-15 所示，然后快速捡回来交给下一个人。

② 教师组织幼儿排队有序进行游戏，一次游戏结束后，幼儿要继续排队等待。

③ 教师还可增加游戏难度，在起点线对面位置放置圆圈，让幼儿尝试将沙包投到圆圈里。

图 2-15 扔沙包

（2）沙包投掷大比拼

游戏准备：

沙包。

游戏玩法：

① 教师示范投掷动作，讲解游戏规则。

② 组织幼儿四人为一组进行比赛，如图 2-16 所示，看谁投得远。幼儿教师可以做裁判，还可以指定年龄稍大的幼儿做裁判。

③ 沙包投出后请幼儿自己捡回交给下一名幼儿。

④ 比赛完成后还可请投得远的幼儿分享经验。

图 2-16　沙包投掷大比拼

（3）抛纸球

这是一个以抛球为目的的游戏，如图 2-17 所示，教师要鼓励幼儿尽最大可能抛出更多的球。

图 2-17　抛纸球

游戏准备：

纸球或材质柔软的球。

游戏玩法：

① 将幼儿分成两个小组，每组占据一块营地。

② 在教师喊出“开始”口令后，幼儿捡起身边的小球抛向对方营地。

③ 教师下达“停止”口令后游戏结束，组织幼儿将自己营地里的小球收集起来。

④ 营地里小球数量较少的一方获胜。

注意事项：

① 注意球场的大小要与参与游戏的人数相适应，比赛前要将小球平均地分散在双方的营地（保证球的数量是参与游戏人数的 2 倍）。

② 建议使用材质柔软的小球进行游戏，也可以将报纸团成团作为小球使用。

5. 钻、爬

（1）钻隧道

这是需要幼儿双手抓住单杠搭出一条隧道的游戏，如图 2-18 所示。

图 2-18　钻隧道

游戏准备：

单杠。

游戏玩法：

① 幼儿双手抓住单杠，注意单杠的高度最好与幼儿的肩膀齐平。

② 幼儿低下头，使头部位于两肩之间，身体和单杠之间的空隙就是隧道。

③ 教师组织其他幼儿排好队来钻隧道。为了增加游戏的乐趣，可以让搭建隧道的幼儿数一数有多少幼儿来钻隧道或大家一共钻了多少回等，如图 2-19 所示。

图 2-19　幼儿一起钻隧道

（2）模仿动物爬行

这个游戏不仅可以提高手臂对身体的支撑力，同时也可以为在运动垫上进行的运动打下良好的基础。

游戏准备：

运动垫。

游戏玩法：

① 在运动垫上做游戏，一开始可以由教师进行演示。

② 模仿小熊爬一爬：手掌牢牢地压在运动垫上，手脚交替着前进，如图 2-20 所示。

③ 模仿鳄鱼爬一爬：趴在运动垫上，弯曲双臂，手掌和小臂贴地向前爬，如同鳄鱼一样匍匐前进，如图 2-21 所示。

图 2-20　模仿小熊爬一爬

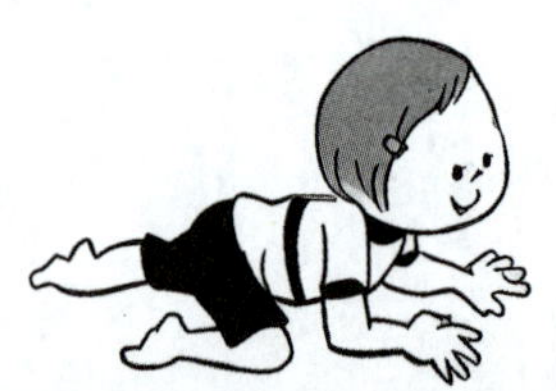

图 2-21　模仿鳄鱼爬一爬

6. 平衡

（1）仙鹤与乌龟

游戏玩法：

① 教师指导幼儿分别模仿仙鹤和乌龟的姿势。

模仿仙鹤的姿势：手腕弯曲，手臂向斜上方抬起。抬起一只脚站立，如图 2-22 所示。

模仿乌龟的姿势：蹲下，手臂抱紧膝盖，尽量蜷缩身体，如图 2-23 所示。

② 幼儿掌握仙鹤与乌龟这两个姿势后开始游戏，教师要不停变化口令，幼儿要根据口令用身体做出相应的姿势。教师喊“仙鹤”，幼儿做出仙鹤的姿势；教师喊“乌龟”，幼儿做出乌龟的姿势。

图 2-22 模仿仙鹤的姿势

图 2-23 模仿乌龟的姿势

（2）忍者走路

游戏准备：

平衡木、运动垫。

游戏玩法：

① 教师要规划、布置好游戏场地。

② 教师讲解游戏流程、步骤。

③ 幼儿站在平衡木上，竖起食指，做出念口诀的姿势。

④ 幼儿保持这个姿势用脚尖走路直到到达平衡木另一端，如图 2-24 所示。

图 2-24 忍者走路

注意事项：

在游戏过程中教师应一直在旁边保护幼儿，为了防止幼儿从平衡木上掉下来，教师可以一边观察幼儿的动作和表情，一边向后退着走。

（3）鳄鱼先生千万别醒

这个游戏需要幼儿集中注意力，小心翼翼地通过平衡木。

游戏准备：

平衡木、运动垫。

游戏玩法：

① 一名教师扮演鳄鱼，趴在平衡木下面，假装正在睡觉。幼儿安静地通过平衡木，如图 2–25 所示。

② 扮演鳄鱼的教师可以时不时地打鼾、打喷嚏或者翻身，让幼儿感受到危机。

注意事项：

① 要注意突然发出响声可能会吓到幼儿，使其失去身体平衡，因此教师要避免突然发出大的响声。

② 平衡木的高度一定要与幼儿的身高相适应。如果平衡木太高，幼儿可能会产生恐惧心理。如果平衡木过高，教师可在地板上多垫几层运动垫，尽量减少高度差。

③ 多名幼儿一起站在平衡木上是非常危险的，教师应确保幼儿一个一个按照顺序走上平衡木；同时，引导幼儿在游戏中遵守秩序也是非常重要的。

图 2-25 鳄鱼先生千万别醒

二、一物多玩类体适能游戏

1. 大笼球

（1）滚动大笼球

游戏准备：

大笼球、运动垫。

游戏玩法：

① 教师在地上放一个运动垫，让幼儿趴在运动垫上，将大笼球放在他的身上，慢慢前后左右滚动，或在幼儿身体中间部位轻轻挤压，或尝试轻轻挤压幼儿足部，如图 2-26 所示。如果幼儿触觉过于敏感，可以在其身上铺一条毛毯，再用大笼球在其身上前后左右地滚动。

② 让幼儿仰卧在运动垫上，将大笼球放在幼儿的身上，慢慢前后左右滚动，或在幼儿身体中间部位轻轻挤压。

注意事项：

① 对于较敏感的幼儿来说，压背部比压腹部更容易接受。

② 在仰卧位时，幼儿的胸腹部以及生殖器官部位不宜被挤压。

图 2-26　滚动大笼球

（2）推大笼球走

游戏准备：

沙包、障碍物、大笼球。

游戏玩法：

① 教师在地面上画一条线作为起点线，在离起点线不远处放一个沙包作为标志物，让幼儿双手交替推动大笼球前进并绕过沙包返回起点。如果游戏开始时幼儿做不到推球走，教师可以手把手地指导。

② 教师可增加游戏难度，在前进路线中设置障碍物（障碍物之间的距离根据幼儿掌握游戏技巧的情况决定），再画一条终点线，让幼儿绕过障碍物后向终点继续前进，然后再返回起点，在返回的过程中同样要绕过障碍物，如图 2-27 所示。

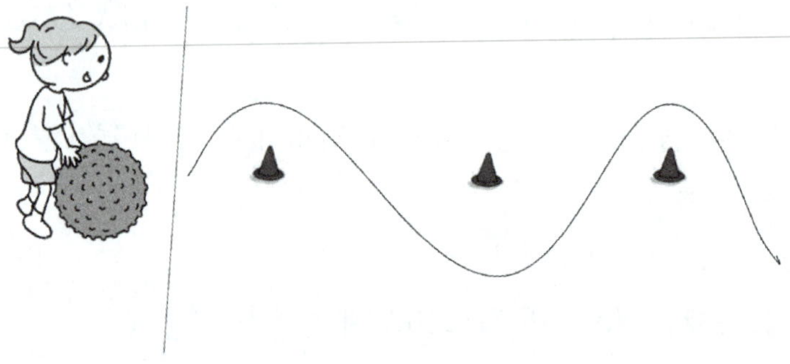

图 2-27　推大笼球走

（3）推拍大笼球

游戏准备：

大笼球。

游戏玩法：

① 教师与幼儿面对面站好，相距 2~3 米，教师用大笼球击地使其弹向幼儿，让幼儿用双手将大笼球用力拍回，如图 2–28 所示。

② 每次训练可进行四组练习，每组练习往返拍球 25 次。幼儿不能独立完成时教师可以辅助。

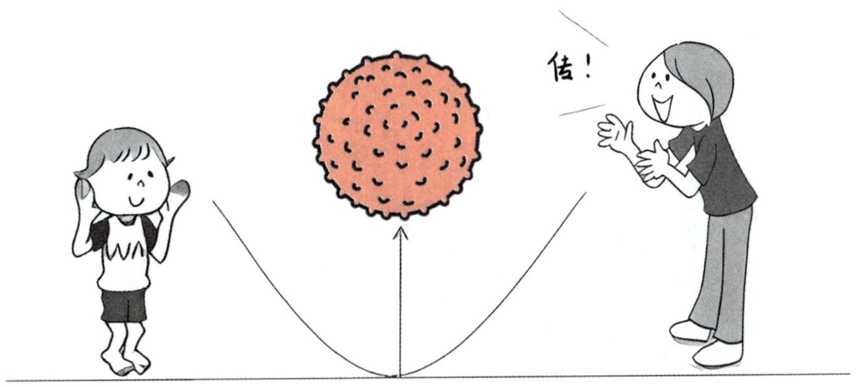

图 2–28　推拍大笼球

（4）原地双手拍大笼球

游戏准备：

大笼球。

游戏玩法：

① 教师将大笼球放在幼儿面前，让幼儿用双手原地拍球，如图 2–29 所示。若幼儿不会拍教师可以做示范，或站在幼儿的身后手把手辅助其拍球。

② 当幼儿双手拍球拍得比较熟练后，可以让幼儿单手拍球。

③ 每次训练教师可规定每组练习拍球的次数（拍 20 下为一组），每次训练不少于 5 组。

图 2–29　原地双手拍大笼球

2. 滑板

（1）静态小飞机

游戏准备：

滑板。

游戏玩法：

① 让幼儿俯卧在滑板上，以腹部为中心，身体紧贴滑板。

② 头颈部抬高，挺胸，双手在背后伸直，双脚抬起向上，如同飞机一样，如图 2-30 所示。

③ 保持这种姿势 15~20 秒，反复练习。

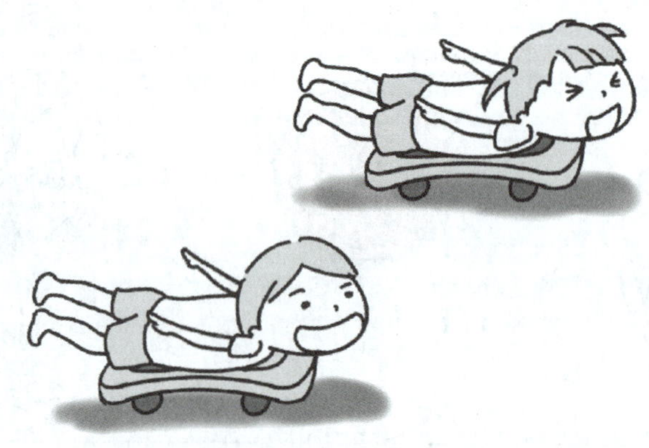

图 2-30　静态小飞机

（2）乌龟爬行

游戏准备：

滑板。

游戏玩法：

① 让幼儿俯卧在滑板上，以腹部为中心，身体紧贴在滑板上。

② 幼儿抬头挺胸，头颈部抬高，双眼目视前方，双腿并拢伸直并抬高。

③ 幼儿双手放在滑板两侧，交替用力撑地，带动身体向前滑行，如图 2-31 所示。在滑行过程中教师要时刻注意幼儿的安全，要注意幼儿不要被滑板压伤手指。

图 2-31　乌龟爬行

（3）拾小球

游戏准备：

滑板、小球。

游戏玩法：

① 教师先将小球放在幼儿的滑行路线旁，然后蹲在幼儿身体一侧，一只手扶在幼儿的背部，一只手扶在幼儿臀部并用力向前推（见图 2–32），以便幼儿俯卧在滑板上向前自然滑行，幼儿在滑行过程中要拾起地上的小球。

② 也可以让幼儿盘腿坐在滑板上，教师推动幼儿，让幼儿在滑行过程中拾捡小球。

注意事项：

教师推幼儿的力不宜过大，否则滑行速度过快，幼儿不容易抓住小球，可在幼儿熟练程度提高后，增加游戏难度。

图 2–32　拾小球

（4）滑板投球

游戏准备：

滑板、小球、小筐。

游戏玩法：

① 滑板投球的方式有两种，一种是坐在滑板上投球，一种是俯卧在滑板上投球。

② 游戏时，教师先在幼儿滑行路线旁放一个小筐，小筐位置根据幼儿能力调整；让幼儿手持小球坐（俯卧）在滑板上，然后教师将幼儿推出，幼儿在滑行的过程中将小球投进小筐中，如图 2–33 所示。

注意事项：

教师要注意控制推动的力量，否则滑行的速度太快，幼儿容易投不中，太慢则达不到训练的目的。

图 2-33　滑板投球

3. 体能圈

体能圈的游戏玩法非常多，教师可在游戏中灵活使用体能圈，以丰富游戏活动形式。

游戏准备：

体能小圈、体能大圈、圆锥筒、纱巾。

游戏玩法：

玩法 1：将体能小圈每两个间隔 10 厘米左右依次摆放，让幼儿双脚并齐定点跳跃，向前依次跳进体能小圈，如图 3-34 所示。

图 2-34　体能小圈摆放示意图 1

玩法 2：将体能小圈按图 2-35 所示摆放，每两个之间间隔 10 厘米，让幼儿进行定点跳跃，向前依次跳进体能小圈。

玩法 3：让幼儿双臂打开并伸直，将体能小圈挂在两侧手腕，脚跟对脚尖，两只脚依次前进，沿直线前进；教师也可在幼儿前进路线上设置障碍物（圆锥桶），让幼儿绕着障碍物前进。

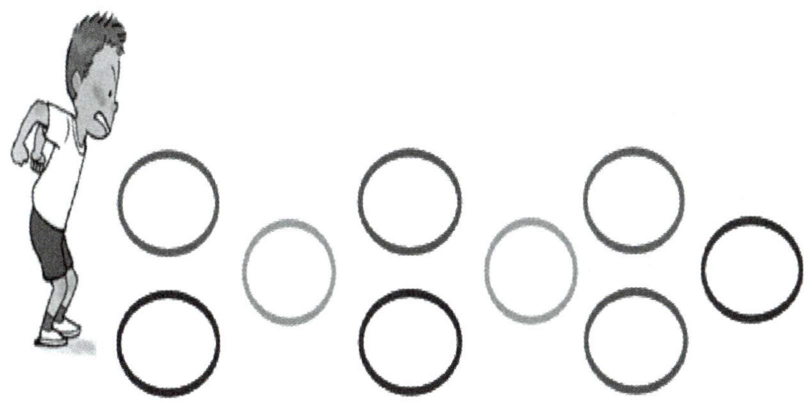

图 2-35　体能小圈摆放示意图 2

玩法 4：让幼儿双脚套住体能小圈，双手翘起模仿企鹅走路，幼儿需要沿 S 形路线前进以避开相互间隔 40 厘米的障碍物，如图 2-36 所示。

图 2-36　S 形路线障碍物摆放示意图

玩法 5：让幼儿双手交替推体能大圈（立起来），在地面上进行沿直线及沿 S 形路线行走的练习。

玩法 6：可将体能小圈用纱巾两两捆住串起来，套在幼儿的身上，模拟火车前进。

玩法 7：让幼儿把体能大圈放在地上，跳进去，然后双手把体能大圈向上拿起并举过头顶拿下来，再次放在地上跳进去，不断重复。

第三节　3~4 岁幼儿体适能活动案例

一、去动物园看看

1. 活动目标

（1）让幼儿喜欢锻炼身体，敢于尝试玩各种小型运动器材，充分感受运动游戏的快乐。

（2）幼儿能够模仿不同小动物走路的姿势，能控制身体的平衡。

（3）幼儿走、跑时动作自然，不与他人碰撞，能较灵活地控制方向。

2. 活动重点

组织幼儿模仿不同小动物走路的姿势。

3. 活动准备

（1）器材及道具准备：滑梯 1 个、转椅 1 个。

（2）音乐准备：《去郊游》。

（3）场地准备：在场地中布置好小鸟、大象、小猴子的家，场地布置如图 2-37 所示。

图 2-37　“去动物园看看”场地布置示意图

4. 活动过程

（1）热身引导

① 进入情境，激发兴趣。

教师带领幼儿在音乐《去郊游》的伴随下进入活动场地。

——小朋友们，今天天气多好呀！我们到动物园去玩吧！

② 口令带动。

教师带领幼儿随着音乐律动活动身体。

——瞧，今天天气可真好，让我们一起来活动一下身体吧！小公鸡做游戏（颈部、上肢运动），小公鸡喝水（腰部运动），整理羽毛（体侧运动），捉地上、庄稼上的虫子（跳跃运动），休息（放松运动）。

（2）模仿小动物

教师带领幼儿按照活动场地中的箭头顺序逛动物园（活动场地），引导幼儿逐一模仿各种小动物，通过游戏练习重点动作。

① 带领幼儿模仿小鸟飞的动作。

——快看这是谁的家（小鸟的家）？谁知道小鸟怎么飞？

教师示范小鸟如何飞：后脚跟离地，小碎步向前移动，双臂在身体两侧上下挥舞。教师指导幼儿后脚跟尽量抬高，并坚持跟着教师做动作。

——小朋友们快看！小鸟飞得可高了！小脚尖快快地跑，两只翅膀飞起来，看我飞得多高呀！（小碎步）

② 带领幼儿模仿大象走的动作。

——咦！快看这是谁的家（大象的家）？谁知道大象怎么走路？

先请幼儿自己模仿大象走，然后教师带领幼儿弯腰、低头，双臂在身体前左右晃动，模仿大象走。

③ 带领幼儿模仿小猴子蹦蹦跳跳地走路。

——咦！快看这是谁的家（小猴子的家）？谁知道小猴子怎么走路？

——小猴子走路是一蹦一跳的，要先迈一只脚，然后另一只脚赶快跟上。

先请幼儿自己模仿小猴子走路，然后教师带领全班幼儿在活动场地上模仿小猴子一蹦一跳地走，指导幼儿双脚一蹦一跳地向前移动，双手在身体前自然弯曲，并鼓励幼儿坚持跟着教师做动作。

（3）逛游乐场

——我们逛完了动物园，接下来老师要带你们去你们最喜欢的地方啦！小朋友们猜一猜是哪里呢？对！就是去游乐场玩滑梯和转椅，但是你们玩的时候一定要注意安全，排好队一个一个地玩，不可以插队。

教师将幼儿分成两组，两位教师组织两组幼儿分别玩滑梯和转椅，观察幼儿参与游戏的状态及自我保护意识，鼓励幼儿有序地排队游戏。在保证每个幼儿都玩一两次后，进行小组交换。

（4）放松活动

教师和幼儿一起边唱儿歌边进行放松活动。儿歌及动作说明如下：

擀擀皮（幼儿坐在地垫上双腿伸直，双手在腿上来回搓），

和和馅（双手揉揉膝盖），

捏捏饺子（双手张开，捏捏大腿和小腿），

剁三下（双手手掌伸直，在大腿上做剁菜的动作，剁三下）。

5. 活动建议

（1）教师也可引导幼儿模仿其他小动物，如小猫、小鹦鹉等，还可以模仿小动物走路。

（2）背景音乐可以自行调整，欢快的音乐即可。

（3）可以将较大的动物卡片贴在纸箱上来代表小动物的家。

（4）教师可根据本园的实际情况确定玩哪种大型器材，但要引导幼儿学会有秩序地游戏。

6. 观察与评价要点

（1）幼儿在模仿小动物走的姿势时，是否能平稳地控制自己的身体。

（2）玩滑梯和转椅时幼儿是否知道排队，并能有序地进行游戏。

二、小动物搬家

1. 活动目标

（1）幼儿可根据指令确定起跑方向并沿正确的方向跑。

（2）练习手臂绕圈甩布条，让幼儿学会全身用力。

（3）幼儿在游戏中能够不碰撞，有一定的躲闪意识。

2. 活动重点

训练幼儿按照指令行动。

3. 活动准备

（1）器材及道具准备：不同颜色的长布条或皱纹纸人手 2 根；3 种画有小动物的胸卡，每种胸卡数量为幼儿人数的三分之一；小花猫头饰 1 个；布老鼠，数量与幼儿人数相同。

（2）音乐准备：轻松的伴奏音乐。

（3）场地准备：在场地四周标记出小动物的家，场地布置如图 2-38 所示。

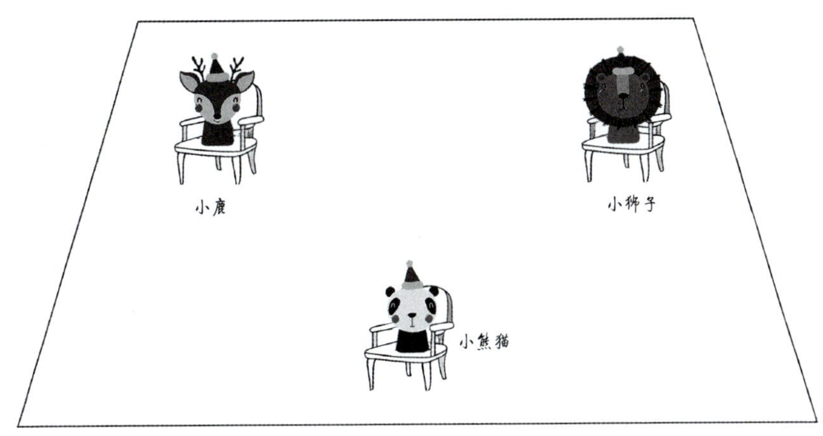

图 2-38 “小动物搬家”场地布置示意图

4. 活动过程

（1）热身活动

教师戴头饰扮演小花猫，幼儿每人拖一个布老鼠扮演老鼠。

游戏开始，教师和幼儿一起唱儿歌《小花猫》，并玩猫捉老鼠的游戏。

——小花猫，本领大。小老鼠，最怕它。喵喵喵，喵喵喵，今天要把老鼠抓。被踩着尾巴的停下。

幼儿轮流扮小花猫和老鼠。

教师注意观察幼儿活动情况，引导幼儿在追跑中练习改变方向跑、急停、躲闪。(可根据幼儿的活动量和活动兴趣决定活动次数)

（2）教师介绍玩法

教师扮演信鸽，幼儿分别扮演胸卡上的小动物，信鸽告诉小动物们马上就要下雨了，它们需要在下雨之前搬到新家去。

教师逐一介绍三个小动物新家的位置，提示幼儿看看自己的胸卡，想一想自己扮演的是什么小动物，当教师说“搬家啦”，幼儿要快速回到自己胸卡上对应的小动物的家。

① 第一次游戏：小动物搬新家。

教师播放伴奏音乐，幼儿根据自己扮演的小动物做动作。当音乐停止后，教师发出“搬家啦”的指令，幼儿根据自己扮演的角色跑向自己的家，教师在游戏中可不间断地提示幼儿。

——小动物们要回自己的新家啦！

② 第二次游戏：到其中一个小动物的家做客。

——小动物们都搬到新家了，大暴雨也已经过去了，我们去看看小伙伴的新家，找它们一起玩游戏吧。

全体幼儿在场地中间分散站立并随着音乐模仿自己扮演的小动物，当音乐停止后，教师喊指令“到小熊猫家”后，全体幼儿跑向小熊猫家。幼儿根据教师的指令，依次跑向不同的小动物家。

教师要提示幼儿在快速跑动时应注意躲避他人，以免发生碰撞。

（3）放松活动

① 介绍玩法，激发幼儿兴趣。教师展示各种颜色的布条，然后示范放礼花的动作并讲解动作要领——一只手拿起一根布条，手臂绕圈用力甩出布条，就像礼花在空中绽放一样。

——小动物们躲过了大暴雨，又参观了小伙伴的新家，为了向你们表示祝贺，老师给你们准备了礼花，咱们一起来庆祝吧。

② 放礼花。给幼儿每人发放一根布条（或皱纹纸），指导其模仿教师的动作，向空中甩出布条。教师要注意观察幼儿甩布条时出手的位置和方向是否正确，并指导幼儿两只手交换甩布条。

③ 收礼花。教师和幼儿共同收拾好布条并将其放到小筐中。

——礼花放完了，地上到处都是礼花，大家快和老师一起收拾整齐吧！

5. 活动建议

（1）小动物的家可以用毛绒玩具放在小凳子上代替，能指明小动物的家的方向即可。

（2）不同的小动物的家之间的距离控制在 8~10 米。

6. 观察与评价要点

（1）幼儿是否能听清指令后再跑向指定方向。

（2）幼儿能否单臂用力绕圈后向上甩出布条。

三、勇敢的小白兔

1. 活动目标

（1）幼儿学习双脚并拢连续向前跳，在跳跃过程中能尽量保持双脚并拢。

（2）幼儿学习单手肩上投掷，初步学会发力方式。

（3）幼儿能勇敢地参与游戏，感受游戏带来的快乐。

2. 活动重点

指导幼儿学习、练习双脚并拢连续向前跳。

3. 活动准备

（1）器材及道具准备：不同颜色的萝卜卡片(布制或者纸质)，数量与幼儿人数相同；沙包，数量为幼儿人数的 4 倍；贴有怪兽图片的黑板 2 块；兔子头饰 3 个（供教师戴)；贴有不同颜色萝卜图案的筐 2~3 个，颜色要与萝卜卡片颜色一致(放在外婆家)。

（2）音乐准备：舒缓的音乐。

（3）场地准备：场地布置如图 2-39 所示。

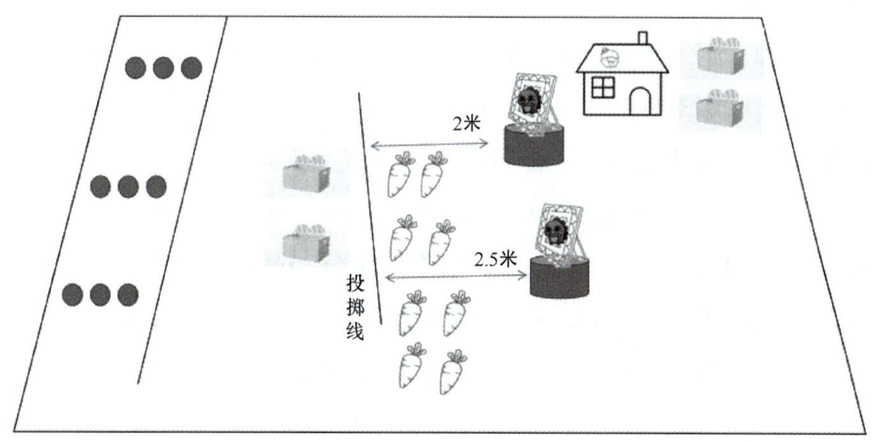

图 2-39 “勇敢的小白兔”场地布置示意图

4. 活动过程

（1）热身活动

教师扮演兔妈妈，幼儿扮演兔宝宝。教师边唱儿歌边带领幼儿热身，和幼儿一起活动肩、腰、膝盖、手腕、脚腕等部位，可重复做动作，以使幼儿充分活动。教师可根据需要增加其他动作，如点头、摇头等。儿歌如下：

早上空气真正好，我们都来做早操；

伸伸臂、伸伸臂，弯弯腰、弯弯腰；

踢踢腿、踢踢腿，转转腕、转转腕；

蹲一蹲、蹲一蹲，跳一跳、跳一跳。

（2）小白兔拔萝卜

——今天兔妈妈要带兔宝宝们到森林里去拔萝卜，可是，妈妈听说森林里有怪兽，你们怕不怕？如果看到怪兽怎么办？

① 第一次游戏：小白兔跳跳跳。

——小白兔是怎么跳的呀？兔宝宝们和兔妈妈一起学学小白兔跳吧。两只小脚是好朋友，它们相亲相爱不分开。

通过游戏引发幼儿主动思考，并模仿小兔子跳（双脚并齐）。幼儿在模仿小白兔跳时，可以边唱儿歌边做动作。儿歌如下：

小白兔，白又白，两只耳朵竖起来，爱吃萝卜和青菜，蹦蹦跳跳真可爱。

② 第二次游戏：小白兔打怪兽。

教师带领幼儿做动作，向幼儿介绍游戏玩法和要求。

——兔宝宝们，我们要拔萝卜并把它送给外婆。快看，前面发现了大怪兽，挡住了我们的去路，我们先跳到草丛前拿起一块石头（沙包），然后一起用石头打跑怪兽。

教师和幼儿一起双脚连续向前跳，捡起沙包，将其投向黑板。

——兔宝宝们和妈妈一起，跳出草丛，拿起大石头一起打怪兽吧。

教师指导幼儿单手肩上投掷的动作，让幼儿向黑板方向用力投，观察幼儿投掷时是否脚自然站、手举过肩。幼儿和教师一起边唱儿歌边向黑板投沙包。幼儿左右手交替各投一次，教师重点观察幼儿投掷时手臂控制的情况，鼓励幼儿努力投中目标。

③ 第三次游戏：小白兔拔萝卜。

打跑怪兽后，幼儿要双脚并拢跳到萝卜地，每人捡起一个萝卜卡片。

——兔宝宝们，怪兽已经被我们打跑了，我们快去拔萝卜吧！

④ 第四次游戏：给外婆送萝卜。

幼儿全部捡完萝卜卡片后，教师引导幼儿一起给外婆送萝卜。

——我的兔宝宝真勇敢，不仅打跑了大怪兽，还拔了许多萝卜，我们一起把萝卜送到外婆家吧！

配班教师扮演兔子外婆，引导幼儿说礼貌用语并让其将萝卜卡片按照篮子上标记的颜色放好，观察幼儿是否可以摆放正确。

（3）放松游戏

① 幼儿和教师一起把沙包捡回来放好。

② 教师和幼儿一起散步，听音乐（舒缓的音乐）放松身体。幼儿双腿伸直随音乐做放松运动。教师可根据本班幼儿情况改编儿歌，并把“拍一拍”变成“捶一捶”“捏一捏”等。儿歌如下：

我的小手真能干，能洗脸来能做饭；

还能帮我做按摩，在我身上拍一拍；

大腿大腿拍一拍，小腿小腿拍一拍；

手臂手臂拍一拍，膝盖膝盖拍一拍；

小手小手拍一拍，天天游戏乐开怀。

5. 活动建议

（1）在日常户外活动中，指导幼儿练习双脚并拢连续向前跳时，可提示幼儿按音乐节奏跳。

（2）因为幼儿初次尝试双脚并拢连续向前跳，起始线和终点线之间的距离可在 3 米左右。

（3）练习单手肩上投掷时，可为幼儿多提供一些不同质地并有一定重量的球(如网球、藤球等)，让其反复练习，以巩固动作。

6. 观察与评价要点

（1）幼儿在练习双脚并拢连续向前跳时，双脚是否能并拢一起跳。

（2）幼儿在跳跃时，动作是否连贯。

四、爱吃香肠的小老鼠

1. 活动目标

（1）锻炼幼儿下肢力量。

（2）增强幼儿肺活量。

（3）幼儿学会接力。

2. 活动重点

指导幼儿练习接力跑以及屈膝走。

3. 活动准备

（1）器材及道具准备：空气棒若干个、圆锥桶若干个。

（2）音乐准备：《去郊游》、欢快的音乐。

（3）场地准备（见图 2-40）：宽敞、平坦的户外场地。

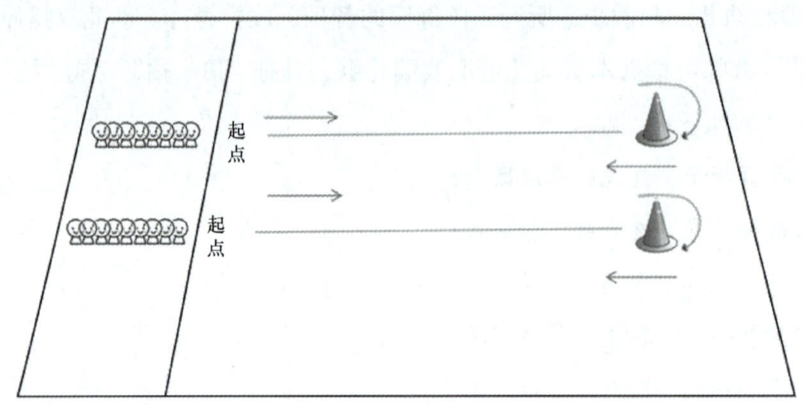

图 2-40 “爱吃香肠的小老鼠”场地准备示意图

4. 活动过程

（1）热身活动

① 教师扮演老鼠妈妈，幼儿扮演小老鼠，教师带领幼儿随着音乐《去郊游》进入活动场地并排成圆圈。

——今天的天气特别好，老鼠宝宝们！快跟妈妈到外面去玩吧！

教师边踏步边双臂前后自然摆动，并引导幼儿模仿。教师重点观察幼儿踏步动作是否自然、协调，同时提醒幼儿要挺胸抬头、精神饱满。

——老鼠宝宝的小胳膊和小腿最有劲儿了，和妈妈一起来踏步。

——看！这里有好多好多的香肠啊，今天妈妈就带你们一起来运香肠！咱们先来活动活动身体吧！

② 热身运动，活动身体重点部位。教师带领幼儿边唱儿歌边活动身体的各个部位：头、颈、肩、手腕、腰、膝和脚腕。儿歌可以重复唱，上下肢动作设计要协调。儿歌内容如下：

太阳暖，太阳亮，老鼠宝宝晒太阳；晒晒头，晒晒肩，晒得胳膊暖洋洋；晒晒胸，晒晒背，晒得全身暖洋洋。

（2）小老鼠运香肠

——小朋友们，现在我们要变成小老鼠，然后运香肠。你们知道小老鼠怕什么吗？

——对，小老鼠怕猫，在我们运香肠的时候有可能会遇到猫，所以我们运的时候要快一点。

① 教师拿出空气棒，让幼儿发挥想象力，引导幼儿将空气棒想象成香肠。

——小朋友们，你们看老师手里拿的是什么？这个道具叫空气棒，像不像小老鼠要运送的香肠？今天我们要运送的就是它。

——因为香肠特别重，小老鼠们要交替地搬运，搬运的时候不能把香肠掉在地上，掉在地上就脏了，不能吃了，所以我们搬运香肠时，一定要注意不要掉在地上哦！

② 教师将幼儿分成两组，引导每组第一个幼儿将空气棒抱住跑向终点再返回，返回后将空气棒交给下一个幼儿以完成接力。

——小朋友们，小老鼠们在哪里住呀？

——对，在洞里，我们把香肠从远处运回来了，现在要把香肠运到洞里，洞里特别的狭窄，所以我们要蹲着走将香肠运到洞里。

③ 教师引导两组中的第一个幼儿分别将空气棒举过头顶，蹲着行走，前行到终点然后返回，返回后将空气棒传给下一个幼儿以完成接力。

（3）猫来了

——小朋友们，小老鼠最怕什么呀？

——对了，小老鼠最怕猫，在我们运香肠的时候猫听到声音了，想抢走我们的香肠怎么办？

——对，我们要躲起来，躲到哪儿猫抓不到我们呀？

——对了！躲到洞里，这样猫进不来，就抢不到我们的香肠了。小老鼠们要保护好我们的香肠哦！

播放欢快的音乐，教师引导两组幼儿分别将空气棒举过头顶，向前前行，当音乐停止时，教师喊“猫来了”，所有的幼儿要蹲下假装躲进洞里，不能发出声音，待音乐再次响起时（代表猫走了），幼儿可继续前行。

（4）快乐结束

——小朋友们，今天我们扮演了什么？

——对，小老鼠！那小老鼠最怕什么呀？

——对，最怕猫！当小老鼠遇到猫了该怎么办？

——对，躲回洞里。小朋友们非常棒！

① 主班教师组织幼儿排队站好，配班教师将器材收纳放好。

② 放松身体。教师与幼儿一起边唱儿歌边放松身体。儿歌如下：

我的小手真能干，能洗脸来能喂饭；

还能帮我做按摩，在我身上揉一揉；

大腿大腿揉一揉，小腿小腿揉一揉；

膝盖膝盖揉一揉，手臂手臂揉一揉；

小手小手拍一拍，天天游戏乐开怀。

5. 活动建议

（1）教师可灵活把握玩游戏的次数和时间。

（2）蹲着走对于小班幼儿来说有难度，幼儿可坚持的时间很短，可安排游戏次数少一点。

（3）组织幼儿排好队，有序地进行游戏。

6. 观察与评价要点

（1）幼儿在运空气棒的过程中，空气棒是否掉下来。

（2）幼儿之间的合作是否顺利，空气棒交接动作是否连贯。

五、一起来骑马

1. 活动目标

（1）锻炼幼儿下肢力量，跳跃能力。

（2）锻炼幼儿反应能力，遇到障碍时的躲避能力。

（3）培养幼儿想象力，让幼儿在游戏中体验运动的快乐。

2. 活动重点

组织幼儿练习接力、跑、跳，锻炼其协调性。

3. 活动准备

（1）器材及道具准备：空气棒若干个、圆锥桶若干个。

（2）音乐准备：舒缓的音乐。

（3）场地准备（见图 2-41）：宽敞、平坦的户外场地。

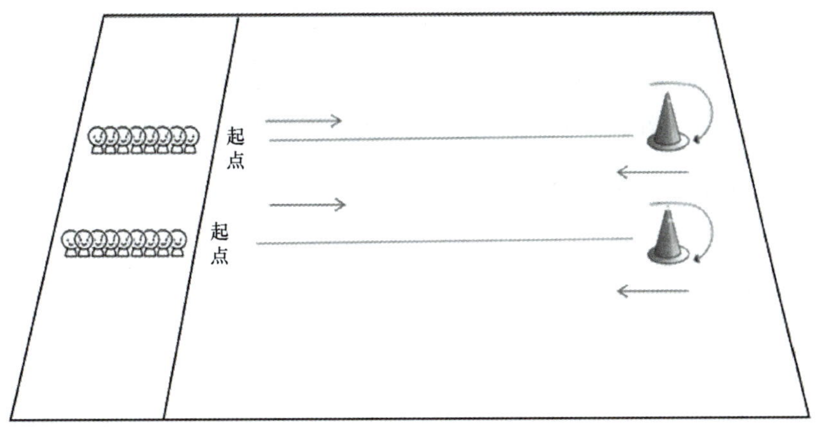

图 2-41 “一起来骑马”场地准备示意图

4. 活动过程

（1）热身活动

教师组织幼儿排队站好，带领幼儿做拉伸运动。

——玩游戏之前，先跟着老师一起来活动活动身体，看哪个小朋友最先站好不动。

教师和幼儿一起活动肩、腰、膝盖、手腕、脚腕等部位，使幼儿充分热身。可边活动边唱儿歌，儿歌如下：

早上空气真正好，我们都来做早操；
伸伸臂、伸伸臂，弯弯腰、弯弯腰；
踢踢腿、踢踢腿，转转腕、转转腕；
蹲一蹲、蹲一蹲，跳一跳、跳一跳。

（2）骑马小能手

——小朋友们，你们骑过马吗？今天，我们要变成骑马小能手，骑马出去游玩。既然是骑马我们就应该有马对不对？你们看老师手里拿的是什么？

——对，空气棒。上一次我们让空气棒变成了香肠，今天，我们要让空气棒变成小马。

① 第一次游戏：骑马跑。

拿出空气棒，让幼儿发挥想象力，引导幼儿将空气棒想象成小马。

——小朋友们，现在老师就要带你们骑马了，骑马的时候不能从小马上掉下来，如果掉下来我们就会摔伤，所以我们要双手扶住小马，保证我们不会从小马上掉下来。我们需要跑到终点再跑回来，当我们跑回来的时候，一定要将小马交到下一个小朋友的手里，不能丢或扔。我们看看哪一组的小朋友最先完成一次接力。

教师将幼儿分成两组，引导他们将空气棒想象成小马，每组的第一个幼儿骑上空气棒跑到终点，再返回将空气棒交给下一名幼儿。

② 第二次游戏：骑马跳。

——刚才我们是骑马跑过去，对不对，这次我们要骑马跳过去，再跳回来。看哪组小朋友最先完成接力。

教师将幼儿分成两组，每组的第一个幼儿骑上空气棒跳到终点，然后返回将空气棒交给下一名幼儿。

③ 第三次游戏：躲避大树。

教师可升级游戏，在骑马路线中设置障碍物（充当大树），场地布置如图 2-42 所示。

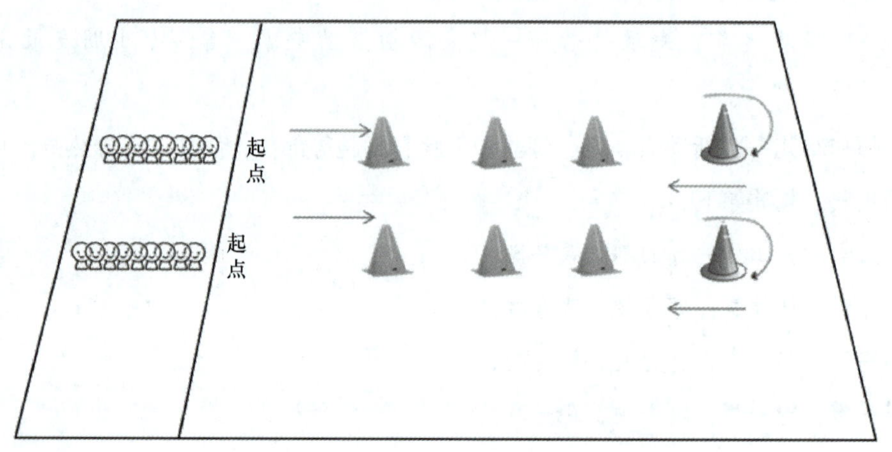

图 2-42　第三次游戏场地布置示意图

——这一次我们骑马的途中遇到了大树，我们要躲避大树继续前行，看哪个小朋友能快速地躲避大树前行。

教师将幼儿分成两组，每组第一个幼儿骑上空气棒躲避障碍物跑到终点，然后返回，将空气棒交给下一名幼儿。

（3）快乐结束

——今天小朋友们开心吗？今天大家都学会了怎么骑马，对不对，等小朋友们长大了，我们去骑真正的马好不好？小朋友们今天都特别棒！

① 幼儿和教师一起把空气棒放好。

② 教师和幼儿一起听音乐（舒缓的音乐）放松身体。教师引导幼儿双腿伸直随着儿歌做放松运动。可根据本班幼儿情况改编儿歌，例如把“拍一拍”变成“捶一捶”“捏一捏”等。儿歌如下：

我的小手真能干，能洗脸来能做饭；

还能帮我做按摩，在我身上捏一捏。

大腿大腿捏一捏，小腿小腿捏一捏。

手臂手臂捏一捏，膝盖膝盖捏一捏。

小手小手拍一拍，天天游戏乐开怀。

5. 活动建议

（1）幼儿玩完一次游戏后，教师要引导其继续排队。

（2）如果幼儿在交接棒时将空气棒丢出去，教师要引导其将空气棒交到下一名幼儿手里。

（3）在游戏中教师要关注幼儿的状态，如游戏过程中幼儿出现体力不佳的情况，教师要引导其放慢速度。

（4）带领幼儿做身体放松动作时，可以播放轻音乐以使幼儿充分放松身心。

6. 观察与评价要点

（1）幼儿在骑着空气棒跳跃时，动作是否连贯。

（2）幼儿在躲避障碍物奔跑、转弯时，是否能保持身体平衡。

六、海里的船

1. 活动目标

（1）锻炼幼儿上肢力量。

（2）锻炼幼儿身体控制力。

（3）培养幼儿竞争、竞赛意识。

2. 活动重点

组织幼儿练习用手和腿推动身体。

3. 活动准备

（1）器材及道具准备：滑溜布若干块、圆锥桶若干个。

（2）音乐准备：《小螃蟹》。

（3）场地准备：宽敞、平坦的户外场地。

4. 活动过程

（1）热身活动

——螃蟹宝宝们，今天天气真好，和妈妈一起到沙滩上做早操吧。

教师扮演螃蟹妈妈，幼儿扮演小螃蟹。教师组织幼儿排队站好进行热身活动，播放音乐《小螃蟹》，跟着音乐边唱儿歌边活动头部、上肢和下肢，可根据幼儿热身情况活动两到三遍。儿歌如下：

小螃蟹，早早起，起床一起练身体。

点点头，点点头，伸伸臂，伸伸臂，弯身体，弯身体；

绕膝盖，绕膝盖，踢踢腿，踢踢腿；

转手腕，转手腕，转脚腕，转脚腕，蹦蹦跳，蹦蹦跳。

小小螃蟹身体好，爱和妈妈做游戏。

（2）在海上前行

——小朋友们，如果我们想要在海上前行，我们该怎么办？

——对，有的小朋友说对了，我们要坐船才能在海上前行。今天，我们就要变成小船在海上前行。

教师拿出滑溜布，引导幼儿将滑溜布想象成海面。

——现在我们每个小朋友都是一条小船，我们要行驶在滑溜布变成的海面上，我们能不能在陆地上行驶？

——对，不可以，我们是小船，只能在海上行驶。现在我们要一个一个地在海面上行驶。

① 小船在海上前行。

——我们要怎么变成小船呢？首先要背对终点坐下，然后小船要有船桨对不对，没有船桨小船不能行驶。船桨在哪儿呀？我们的双手就是船桨，我们双手使劲支撑起身体，这样就能前行了。

教师引导幼儿将滑溜布打开放在地面上，幼儿在滑溜布一端排好队，依次进行游戏。幼儿背对终点坐在滑溜布上，双腿并齐、伸直不动，依靠手臂力量让自己的身体向后移动。

② 快艇在海面前行。

——小朋友们，刚才我们变成了小船，那你们知道行驶得特别快的船叫什么吗？

——对，快艇。这次我们要变成快艇，怎么样才能更快地在海上行驶呢？这回我们手脚一起用力试试，看看是不是比小船行驶得快。

教师引导幼儿将滑溜布打开放在地面上，幼儿分成两队站好，依次进行游戏。两队的第一个幼儿分别背对终点坐在滑溜布上，双手双脚同时用力，向终点快速滑行，看谁最先到达终点。

（3）躲避大鲨鱼

主班教师组织幼儿排队站好，配班教师整理滑溜布，在滑溜布上摆放圆锥桶，用圆锥桶来扮演大鲨鱼。

——小朋友们，刚刚我们变成了海面上的小船，还变成了快艇，那小朋友们知道能潜伏在海底的船是什么吗？现在小朋友们要变成潜水艇了。不过老师听说海底有许多大鲨鱼，它们现在睡着了，小朋友们要悄悄地前进并且注意躲避大鲨鱼哦！

教师组织幼儿进行躲避大鲨鱼比赛，幼儿分成两队站好，依次进行游戏。两队的第一个幼儿分别背对终点坐在滑溜布上，双手双脚同时用力，躲开圆锥桶向终点快速滑行，看谁最先到达终点。

（4）快乐结束

——游戏结束了，今天我们知道了在海面上前行要坐船，还知道了小快艇和潜水艇，它们比小船行驶得更快对不对。小朋友们都非常棒！

① 主班教师带领幼儿排队站好，配班教师将器材收纳放好。

② 放松身体（2~3 分钟）：教师带领幼儿坐在地上一起唱儿歌，边唱边进行放松活动。儿歌及动作说明如下：

擀擀皮（幼儿坐在地垫上双腿伸直，双手在腿上来回搓），

和和馅（双手揉揉膝盖），

捏捏饺子（双手张开，捏捏大腿和小腿），

剁三下（双手手掌伸直，在大腿上做剁菜的动作，剁三下）。

5. 活动建议

（1）教师要提醒幼儿在玩游戏过程中注意与他人保持距离，严禁推挤。

（2）备课时主班教师需要与配班教师沟通好，配班教师要在终点引导幼儿返回起点排队。

（3）若幼儿数量较多，可将幼儿分成多组，分组进行游戏。

6. 观察与评价要点

（1）幼儿在借助手的力量使身体移动时，力量是否足够。

（2）幼儿是否能有意识地躲避障碍物。

七、勇敢的巧虎

1. 活动目标

（1）幼儿敢于尝试攀爬堆积的轮胎山，能较平稳地控制身体。

（2）幼儿敢于从高处向下移动，并能较平稳地爬下来。

2. 活动重点

组织幼儿攀爬轮胎山。

3. 活动准备

（1）器材及道具准备：巧虎的胸饰或小贴画，数量与幼儿人数相同；轮胎若干个；有钻、爬、攀登、平衡动作的照片若干张。

（2）音乐准备：轻松的音乐。

（3）场地准备：场地布置如图 2–43 所示。

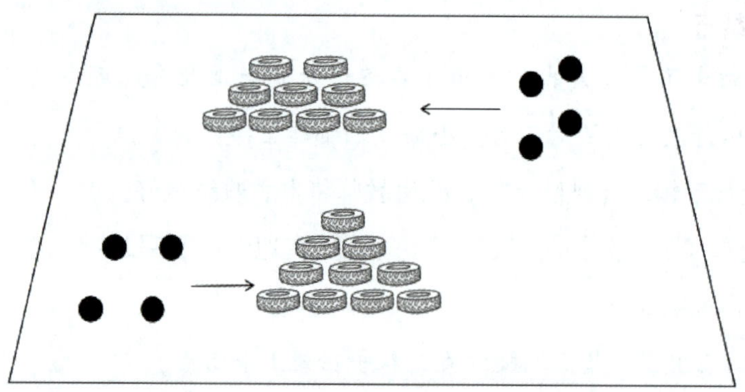

图 2–43 “勇敢的巧虎”场地布置示意图

4. 活动过程

（1）热身活动

教师拿出照片请幼儿欣赏，告诉幼儿照片中的人在做什么。

——你参加过探险吗？在哪里参加的？有哪些项目？

（2）巧虎来挑战

——今天老师准备带小朋友们去探险，小朋友们想不想去呀？那现在我们先来学习一些探险的本领，好不好？

——现在我们就要出发去探险了，小朋友们准备好了没有？先检查一下自己的鞋子有没有穿好。

教师引导幼儿自主探索攀爬轮胎山。将幼儿分成两组，让其扮演巧虎（每人佩戴一个巧虎的胸饰），主班教师和配班教师各带一组幼儿活动。幼儿需要从轮胎山的一端出发，手脚同时趴在轮胎上，依次向上攀爬到轮胎山的顶端。下轮胎山时幼儿可坐在轮胎上身体向下移动，也可以退着爬下轮胎山。幼儿下轮胎山后可继续攀爬另一座轮胎山，游戏循环进行。教师要注意控制幼儿之间的距离，以免其发生危险。

幼儿上轮胎山时教师要提醒幼儿手脚要协调，一只手先上、握牢，然后同一方向的脚跟着上、踩稳，再换另一只手和脚。可请配班老师示范一次，幼儿观察学习，再请个别幼儿尝试攀爬，教师进行指导，加深幼儿对攀爬的认识。

——小朋友们，攀爬时眼睛要看前面，脚踩稳再换手，攀爬时要注意安全哦!

幼儿下山时，教师可让幼儿自己想办法下山，引导幼儿积极思考、相互学习，若幼儿下山有困难，教师可以扶住幼儿，帮助其下山。

——小朋友们，下山时可选择自己舒服的姿势，或者看看其他小朋友是怎么下山的哦!

（3）探险比赛

——小朋友们，刚才我们学习了新本领，现在我们开始来比赛，看哪位小朋友能又快又稳地到达终点。

教师在终点插上一面旗子，两名幼儿为一组进行比赛，先到达终点夺下旗子的幼儿为胜者。

（4）放松活动

——今天的探险活动就要结束了，小朋友们玩得高兴吗？回到家里可以告诉爸爸、妈妈你今天去哪里探险了。

教师带领幼儿在轻松的音乐中做放松运动，调整呼吸，进行适当休息。

5. 活动建议

（1）教师可以自行编排放松运动的动作，以保证幼儿全身都充分放松。

（2）在日常的班级户外体育活动中，教师还可以引导幼儿不断创新攀爬的方式。

6. 观察与评价要点

（1）在攀爬轮胎山时，幼儿是否能较平稳地控制身体。

（2）从高处向下移动时，幼儿是否能勇敢地爬下来。

八、小猩猩本领大

1. 活动目标

（1）锻炼幼儿四肢协调性及平衡能力。

（2）锻炼幼儿身体灵活性、协调性和反应能力。

（3）培养幼儿想象力。

2. 活动重点

组织幼儿练习手脚爬、双脚跳。

3. 活动准备

（1）器材及道具准备：长绳若干根、水果道具若干个。

（2）音乐准备：《运动员进行曲》、《去郊游》、欢快的音乐（如《嗨曲》）。

（3）场地准备：宽敞、平坦的户外场地。

4. 活动过程

（1）热身活动

随着《运动员进行曲》幼儿进入场地，教师带领幼儿做准备活动：上举，下蹲，弯腰，踢腿，蹦跳。

（2）小猩猩本领大

——小朋友们，你们知道小猩猩吗？小猩猩在哪儿住呀？

——对，在树上，小猩猩是个攀爬高手，今天我们就要模仿小猩猩攀爬。

① 第一次游戏：攀爬高手小猩猩。

教师拿出长绳，引导幼儿发挥想象力，将长绳想象成藤蔓。

——小朋友们，你们看老师手里拿的是什么？这个道具叫长绳，你们看这个长绳像不像小猩猩攀爬的藤蔓呀？今天我们就利用这根藤蔓模仿小猩猩攀爬。

教师组织幼儿排成一队站好，然后将长绳一字拉开并拉直，让幼儿扮演小猩猩，双脚踩在长绳上，然后身体向前弯曲，双手也按在长绳上，向前爬行，教师要控制好幼儿间的距离，避免幼儿撞在一起。

——小朋友们，小猩猩是不是会顺着藤蔓爬到树上啊？现在我们就学习小猩猩顺着藤蔓爬到树上。假装地上的长绳就是藤蔓，终点就是树上，看谁最先爬到树上。

② 第二次游戏：小猩猩过绳索。

——小朋友们，小猩猩平时是怎么走路的呀？

——对，是四脚着地，向前移动，它们在树上来回移动时也是四脚踩在树枝上或藤蔓上移动。现在我们就学习小猩猩在藤蔓上移动。

教师组织幼儿排队站好，并将长绳拉直。队首的幼儿在长绳边一侧站好、双腿弯曲蹲下、双手轻按长绳准备！音乐（欢快的音乐）开始，幼儿要双脚跳向长绳另一侧，手离开长绳，落地时，手再轻按长绳，要沿着长绳方向左右来回跳，直到终点。后边的幼儿按顺序跟随前边的幼儿学小猩猩慢慢跳过绳索。

③ 第三次游戏：小猩猩摘果子。

教师将长绳挂到适当的位置，在长绳中间隔一定距离挂一个水果道具。

——小朋友们，看前面的藤蔓上挂满了果子，小猩猩们看到这些果子想不想吃呀？那小猩猩们要努力跳起来碰到它们哦！

教师引导幼儿双脚（双脚起跳双脚落地）起跳摘果子，碰到即可，可根据幼儿的身高调节长绳的高度。

——小猩猩们真厉害，每个都够到了果子。这一次呀，果子长到了更高的藤蔓上了，小猩猩们想想办法怎么才能摘到它？

教师引导幼儿思考如何才能摘到更高处的果子。

（3）快乐结束

——小朋友们，今天我们变成了什么小动物呀？

——对，小猩猩，小猩猩是什么高手？攀爬、爬树、摘果子高手。

主班教师组织幼儿站好，引导幼儿回忆所学内容，小结游戏情况。配班教师收拾教具并放好。在音乐《去郊游》的伴奏下，幼儿回到教室，本次活动结束。

5. 活动建议

（1）教师可灵活把握活动时间，以合理安排幼儿练习的次数。

（2）教师可根据幼儿的爬行速度，决定要不要将幼儿分成两组。

（3）在进行摘果子游戏时，要引导幼儿双脚起跳双脚落地。

（4）在快乐游戏的同时教师要维持好秩序，保证每名幼儿安全。

6. 观察与评价要点

（1）幼儿是否可以按要求爬行到终点。

（2）幼儿是否能双脚跳、是否能动作协调地原地纵跳触物。

九、森林寻宝

1. 活动目标

（1）幼儿能双脚向前跳过一定宽度的平行线，并能保持身体平衡。

（2）幼儿能根据指令向指定方向用力投出沙包。

（3）提高幼儿身体的协调能力，使幼儿充分体验做游戏的乐趣。

2. 活动重点

组织幼儿练习双脚向前跳。

3. 活动准备

（1）器材及道具准备：呼啦圈 4 个，每两个呼啦圈拴在一根长绳子上，每个呼啦圈中心拴上一个小布袋，里面放一件宝物，然后外面用报纸封住；沙包若干个，数量是幼儿人数的 2 倍；勇士奖章若干个。

（2）音乐准备：《找小猫》。

（3）场地准备：在宽敞的场地上画上或粘上间距分别为 45 厘米和 55 厘米的两组平行线，场地布置如图 2-44 所示。

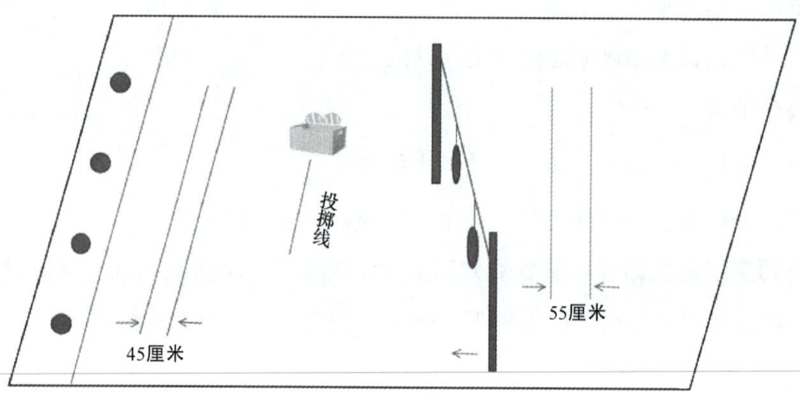

图 2-44 “森林寻宝”场地布置示意图

4. 活动过程

（1）热身活动

在音乐《找小猫》中教师带领幼儿进入活动场地。教师提问：

——让我们来仔细听《找小猫》这首歌曲。请小朋友们想一想歌曲里都有谁？它们在干什么？

师幼一起演唱歌曲，为游戏做准备。教师扮演猫妈妈，幼儿扮演小猫。教师向幼儿介绍游戏规则——当唱到“找个地方躲躲好”时，幼儿要躲好并且不能乱动。

——今天，小猫和猫妈妈一起玩捉迷藏的游戏吧！小猫藏，猫妈妈来找。

教师清唱歌曲组织幼儿玩游戏，同时，引导幼儿遵守游戏规则。

（2）森林寻宝

——森林里有很多宝藏，但是我们需要经历重重艰险才能得到珍贵的宝藏，我们该怎么办呢？

① 跳过小河。

——小朋友们，一条小河挡住了我们的路，我们该怎么办呀？

教师做示范，跳过 45 厘米宽的小河，然后讲解动作要领，指导幼儿双脚同时用力蹬地向前跳起，落地时要保持身体的平衡。

——小朋友们要勇敢地跳过小河，跳的时候小脚要分开一点，使劲地蹬地，两只小胳膊向前抡起来，跳过小河要站稳哦！

——老师已经跳过小河了，小朋友们也跳过来吧！

② 寻宝。请两位配班教师拉起一根拴有两个呼啦圈的绳子。教师带领幼儿跳过小河，然后去寻宝，走着走着，师生们共同发现了宝物。

——小朋友们看，那边好像有什么东西？我们一起打破它，把宝物拿出来吧！我喊“一、二、三”，大家一起把沙包扔出去。“一、二、三，扔”！

将幼儿分成两组，教师带领幼儿从小筐中拿出沙包，站在离呼啦圈 1 米远的地方，幼儿根据教师的口令，将沙包投向呼啦圈，把挡着的报纸打破，然后把宝物取出来。

③ 跳过较宽的小河。教师引导幼儿挑战新任务。

——小朋友们已经找到宝物了，让我们再继续找一找吧。哎呀，又有一条小河挡住了我们的路，这条小河很宽，小朋友们想一想怎么办呀？

教师引导幼儿说出动作要求——在跳过小河时要双脚一同使劲，用力蹬地，保持身体平衡，落地时也要保持身体平衡。

——小朋友们要勇敢地跳过小河，跳的时候小脚分开一点，要使劲蹬地，两只小胳膊向前抡起来，跳过小河后要站稳哦！

——老师已经跳过小河了，小朋友们也跳过来吧！

幼儿分成两组分别跳过小河。对于成功跳过小河的幼儿，教师要及时给予肯定；对于未成功的幼儿，教师要鼓励他们再试一次。

（3）快乐结束

① 游戏结束后，教师可引导幼儿回顾游戏过程，并请他们分享游戏心得。

——小朋友们都找到了什么宝藏呀？找到后的心情怎么样？

② 教师为找到宝藏的幼儿颁发勇士奖章。

5. 活动建议

（1）教师可根据幼儿兴趣灵活调整准备活动时长，以幼儿身体充分活动为宜。

（2）小河的宽度可根据幼儿的能力进行调整。

（3）装在布袋里的宝物要轻一点，可装一个布娃娃或木质玩具等。

6. 观察与评价要点

（1）幼儿是否能够双脚一同跳过一定宽度的平行线，并能保持身体平衡。

（2）幼儿是否能够听从指令，将手中的沙包投向目标。

十、勇敢的小刺猬

1. 活动目标

（1）幼儿学习单手肩上投掷，并能有意识地用力投掷。

（2）幼儿练习手膝着地绕障碍物爬行，爬行中能避开障碍物。

（3）幼儿喜欢参与游戏，并能在教师的提醒下遵守游戏规则。

2. 活动重点

组织幼儿练习手膝爬、单手肩上投掷。

3. 活动准备

（1）器材及道具准备：自制怪兽图案的靶子 2 个；沙包，数量是幼儿人数的 4 倍；梅花桩或者可乐瓶 8 个（充当障碍物）。

（2）场地准备：可供幼儿直接爬行的塑胶软地面，场地布置如图 2–45 所示。

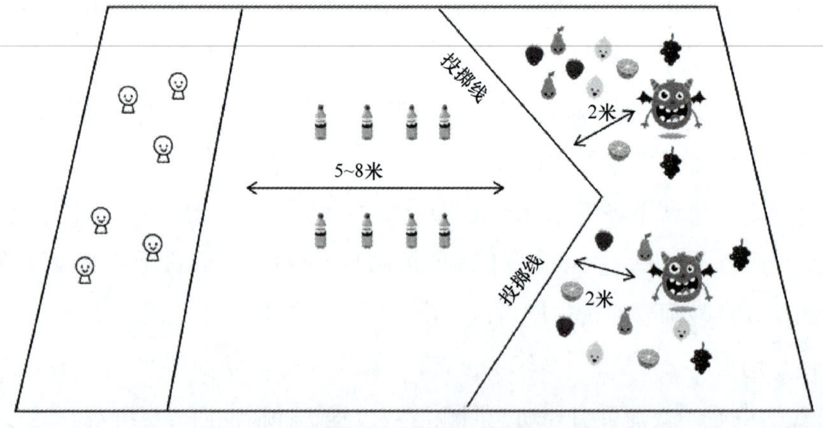

图 2–45 “勇敢的小刺猬”场地布置示意图

4. 活动过程

（1）热身活动

教师扮演小刺猬妈妈，幼儿扮演小刺猬。

——小刺猬宝宝们，今天天气真好，和妈妈一起到草地上做早操吧。

教师带领幼儿进行热身活动，边唱儿歌边做操，活动头部、上肢和下肢，可根据幼儿热身情况灵活调整活动时长。儿歌如下：

小刺猬，早早起，起床一起练身体。

点点头，点点头，伸伸臂，伸伸臂，弯身体，弯身体；

绕膝盖，绕膝盖，踢踢腿，踢踢腿；

转手腕，转手腕，转脚腕，转脚腕，蹦蹦跳，蹦蹦跳。

小小刺猬身体好，爱和妈妈做游戏。

（2）小刺猬本领大

① 引导幼儿发挥想象力，将自己想象成小刺猬，在森林里遇到怪物。

——我们是勇敢的小刺猬，要到森林里去找好朋友玩，但是森林里有个大怪物。我们该怎么办？

② 练习单手投掷。教师指导幼儿练习单手肩上投掷，要重点引导幼儿把手举过肩膀投掷。

——现在，我们的手变成长长的炮筒，请小刺猬们把炮弹（沙包）举到肩膀上方，我们一起用力把炮弹投出去。

两名教师指导幼儿进行分组练习，提示幼儿左右手轮流投掷。

（3）勇敢的小刺猬

① 第一次游戏：小刺猬向前爬。

教师先带领幼儿手膝着地爬 5~8 米，提醒幼儿爬行时向前看，躲开障碍物（梅花桩或可乐瓶）。

——小刺猬的小手和膝盖可有力气了，现在和妈妈一起绕过小花（障碍物）爬过去吧。

教师要重点观察幼儿手膝着地爬时四肢是否协调，同时鼓励幼儿坚持爬过花园，不碰撞其他小朋友身体以及障碍物。

教师带领幼儿继续向前爬，遇到大怪物（怪兽图案的靶子）。两名教师各带一组幼儿站在两条投掷线前。

——前面的大怪物挡住了我们的路，我们要把怪物打倒才能摘到果子。

——小刺猬们站在草丛前，小手把石头（沙包）举过肩膀，看准大怪物，用力向它投过去，比比看谁最勇敢。

教师重点观察幼儿是否将手举过肩膀，是否看准怪物后才用力投过去。幼儿动作正确时应及时鼓励，该游戏不要求幼儿一定要投中靶子。游戏中教师要鼓励幼儿左右手各用力投掷一次。

② 第二次游戏：穿过密集的花园。

教师调整障碍物的距离，使障碍物更加密集，引导幼儿手膝着地爬过花园。教师要指导幼儿如何灵活地躲开障碍物。

——小刺猬的小手和膝盖可有力气了，现在和妈妈一起绕过小花（障碍物）爬过去。

爬过花园后再次组织幼儿练习单手肩上投掷，投掷动作要求与第一次游戏一致。

——小刺猬们站在草丛前，小手把石头举过肩膀，看准大怪物，用力向它投过去，比比看谁的力气大，能打到最远的怪物。

教师可根据幼儿动作掌握情况决定投掷次数，靶子倒下时，教师可与幼儿一起庆祝。

——小刺猬们真勇敢，我们把大怪物都打跑啦！

（4）放松活动

教师带领幼儿坐在塑胶场地上一起唱儿歌，进行放松运动。儿歌及动作说明如下：

擀擀皮（幼儿坐在塑胶场地上双腿伸直，双手在腿上来回搓），

和和馅（双手揉揉膝盖），

捏捏饺子（双手张开，捏捏大腿和小腿），

剁三下（双手手掌伸直，在大腿上做剁菜的动作，剁三下）。

5. 活动建议

（1）若本园没有塑胶软场地，可以在场地上铺上运动垫。

（2）单手肩上投掷不要求幼儿投中靶子，只要幼儿单手肩上投掷的动作正确就可以。

（3）如果没有梅花桩，可以用可乐瓶、大布包或者其他道具充当障碍物。

（4）投掷线和靶子之间的距离可依据幼儿的实际情况而定。

（5）根据幼儿个体差异，靶子最好设两个高度，分别为 1 米和 1.5 米，教师鼓励能力强的幼儿向 1.5 米高的靶子投掷，能力弱的幼儿可向 1 米高的靶子投掷。

（6）投掷物可以为沙包，也可以为网球。

6. 观察与评价要点

（1）幼儿进行单手肩上投掷时，是否能用力将沙包投向远方。

（2）幼儿在爬行时是否能有意识地躲避障碍物。

第三章
4~5 岁幼儿体适能活动

学习目标

1. 了解 4~5 岁幼儿年龄特征及体适能发展目标。
2. 掌握 4~5 岁幼儿体适能活动游戏素材。
3. 熟悉 4~5 岁幼儿体适能活动案例。

建议课时：19 课时

本章主要介绍 4~5 岁幼儿年龄特征、体适能发展目标。同时，本章提供了大量 4~5 岁幼儿体适能活动游戏素材及体适能活动案例，供学习参考。

第一节　4~5 岁幼儿体适能活动指导

一、4~5 岁幼儿年龄特征

幼儿园中班时期是幼儿三年学前教育中承上启下的阶段，也是幼儿身心发展的重要时期。4~5 岁幼儿的特点主要有以下几点。

1. 动作发展更加完善，体力明显增强

4~5 岁幼儿精力充沛，他们的身体变得更结实；体力较佳，可以步行一定距离；基本动作更为灵活，不但可以自如地跑、跳、攀登，还可以单足站立，会抛接球，能骑小车等，手指动作比较灵巧；动作质量明显提高，既能灵活操作，又能坚持较长时间。

2. 有意性行为开始发展

4~5 岁幼儿在集体中行为的有意性增强了，注意力更集中了，并且集中精力从事某种活动的时间也比以前长，可坚持 25 分钟左右。同时，他们能根据大人的指令，完成一些力所能及的事情。

3. 控制情绪的能力增强

4~5 岁幼儿的情绪比 3~4 岁幼儿更稳定，他们受情绪支配的行为在逐渐减少，开始学着控制自己的情绪。当然，并非所有的情绪他们都能调节好，对特别感兴趣的事和物他们仍然易受情绪支配，甚至还会出现情绪失控现象，不顺心时仍会大发脾气。

4. 规则意识萌芽，是非观念较模糊

在集体生活中，4~5 岁幼儿不仅开始表现出自信，而且他们的规则意识开始萌芽，他们开始懂得要排队洗手、依次玩玩具等。此时幼儿的是非观念仍很模糊，只知道受到表扬的是好事，受到指责的是坏事，他们喜欢受表扬，听到批评会不高兴或感到很难为情。

5. 在活动中学会交往

4~5 岁幼儿喜欢和同伴一起玩，在活动中他们逐渐学会了交往，会与同伴分享快乐，还获得了领导同伴和服从同伴的经验。此时他们开始有了嫉妒心，能感受到愤怒与挫折等情绪。

6. 游戏水平提高

4~5 岁幼儿不但爱玩，而且会玩了。有人说："四五岁是幼儿游戏活动的黄金时期。"此时的幼儿不仅对游戏的兴趣显著增强，且游戏水平也大大地提高了，他们能够自己组织游戏、自行选择主题、自行分工、自行分配游戏角色等，游戏情节丰富、内容多样，还出现了以物代物等替代行为。

二、4~5 岁幼儿体适能发展目标

2012 年，教育部印发的《3~6 岁儿童学习与发展指南》（以下简称《指南》）将幼儿的学习与发展分为健康、语言、社会、科学、艺术五个领域，每个领域按照幼儿学习与发展最基本、最重要的内容被划分为若干方面，在健康领域对 4~5 岁幼儿动作发展的要求见表 3–1。

表 3–1　　在健康领域对 4~5 岁幼儿动作发展的要求

要求	具体表现
具有一定的平衡能力，动作协调、灵敏	① 能在较窄的低矮物体上平稳地走一段距离 ② 能以匍匐、膝盖悬空等多种方式钻爬 ③ 能助跑跨跳过一定距离，或助跑跨跳过一定高度的物体 ④ 能与他人玩追逐、躲闪跑的游戏 ⑤ 能连续自抛自接球
具有一定的力量和耐力	① 能双手抓杠悬空吊起 15 秒左右 ② 能单手将沙包向前投掷 4 米左右 ③ 能单脚连续向前跳 5 米左右 ④ 能快跑 20 米左右 ⑤ 能连续行走 1.5 公里左右（途中可适当停歇）
手的动作灵活协调	① 能边线较直地画出简单图形，或能边线基本对齐地折纸 ② 能用筷子吃饭 ③ 能沿轮廓线剪出由直线构成的简单图形，边线吻合

根据《指南》，4~5 岁幼儿体适能发展目标如下：

1. 幼儿能积极勇敢地参加体适能活动，懂得在活动中遵守规则，爱护器材。

2. 幼儿做操时，动作准确、有力，节奏平稳，并能随着节奏按动作顺序运动。

3. 幼儿进行走、跑、跳、推拉、钻、投掷、攀爬、侧滚、旋转等不同的运动时，能较灵活地控制身体运动的方向。

4. 幼儿能灵活运用各种运动器材活动，并能探索出多种玩法。

5. 对不同气温、环境有一定的适应能力。

第二节 4~5 岁幼儿体适能活动游戏素材

一、发展动作类体适能游戏

1. 走

（1）正走、倒走

游戏准备：

沙包、标志物。

游戏玩法：

① 教师将幼儿分成两队排队站好，以小比赛形式开展游戏。

② 先进行徒手正走、倒走比赛（见图 3–1），教师可在适当位置放置标志物，每队队首的幼儿正走至标志物后倒走回来，然后下一名幼儿出发，看哪队速度快。

③ 在进行一组比赛后，可增加游戏难度。

④ 幼儿头顶沙包进行正走、倒走比赛，要保证沙包不落地（或可有两次落地机会）。

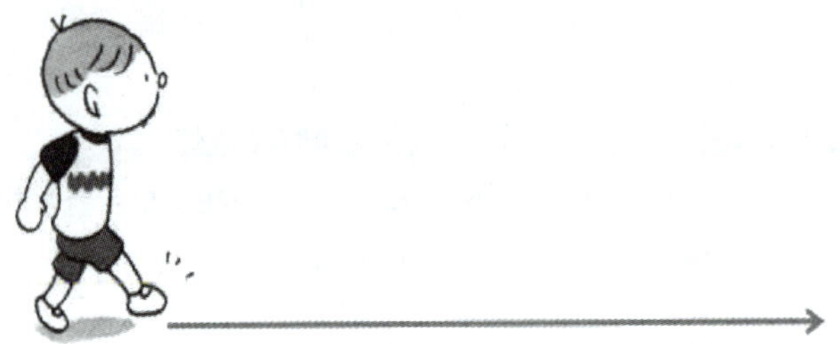

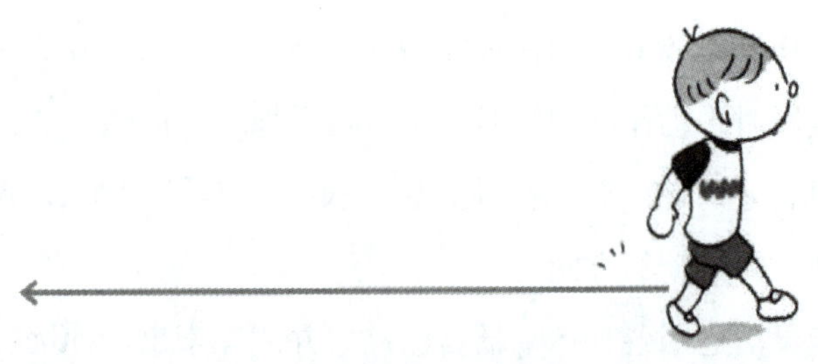

图 3–1　正走、倒走

（2）螃蟹走

游戏玩法：

① 教师示范动作，双手侧平举，双脚左右开立，半蹲，模仿螃蟹走路。

② 教师引导幼儿想象自己像螃蟹一样走路，并组织幼儿排队练习，如图 3–2 所示。

③ 教师组织幼儿进行比赛，以增加游戏的趣味性，要提醒幼儿注意动作规范。

④ 游戏时长可根据幼儿积极性以及幼儿状态灵活调整。

图 3–2　螃蟹走

（3）交叉走

游戏玩法：

① 教师示范交叉走的方法，右脚向左迈，左脚向右迈，两腿交叉行走，如图 3–3 所示。

② 幼儿排队进行练习，还可组织其进行比赛。

③ 每次训练要求幼儿练习 3~4 组，比赛 1~2 组，教师要提醒幼儿注意动作规范。

④ 游戏时长可根据幼儿的积极性以及幼儿状态灵活调整。

图 3–3　交叉走

2. 跑

（1）躲避地雷

游戏准备：

栏架、圆锥桶、瑜伽垫。

游戏玩法：

① 教师提前摆好障碍物（栏架、圆锥桶、瑜伽垫），障碍物充当地雷，场地布置如图 3-4 所示。教师先给幼儿讲解游戏规则，提醒幼儿行进过程中要躲避障碍物。

② 组织幼儿分成两组排队站好，两两进行比赛。教师作为裁判，要提醒幼儿遵守游戏规则，并带动游戏气氛。

③ 障碍物设置不宜过难，应遵循由易到难、由简到繁的原则。

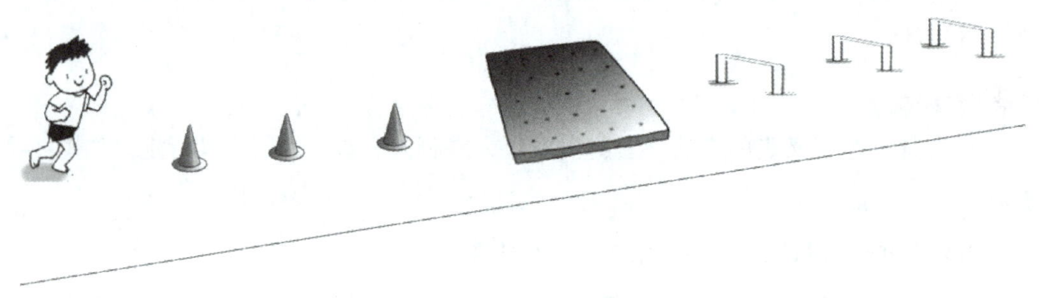

图 3-4 “躲避地雷”场地布置示意图

（2）猫捉老鼠

游戏玩法：

① 教师扮演猫，幼儿扮演老鼠。教师来抓幼儿（见图 3-5），被抓到的幼儿要表演一个节目；或者可由幼儿轮流扮演猫，也可以让被抓到的幼儿在下一轮游戏中扮演猫。

② 教师扮演猫时，要尽量抓到过每一个幼儿，让所有的幼儿都有被抓和扮演猫的机会，以充分调动幼儿的积极性。

③ 要提醒幼儿注意安全，教师要全程观察并对幼儿进行引导。

图 3-5　猫捉老鼠

（3）往返跑

游戏准备：

各种障碍物。

游戏玩法：

① 教师提前布置场地，设置一个起点，一个终点。该游戏需要幼儿从起点跑到终点，再折返回起点。

② 教师做示范并讲解游戏规则，让幼儿在终点和起点之间往返跑，如图 3-6 所示。

③ 可以适当增加难度，在跑动路线上设置障碍物。

④ 要提醒幼儿注意安全，教师要全程观察并对幼儿进行引导。

图 3-6　往返跑

3. 跳

（1）跳跃击掌

这是一个需要使用跳箱的游戏。教师在帮助幼儿掌握动作技巧之前，要先让幼儿熟悉跳箱。

游戏准备：

跳箱、运动垫。

游戏玩法：

① 教师准备一层跳箱并铺好运动垫。幼儿站在跳箱的上面，如图 3-7 所示。

② 幼儿从跳箱上跳下，在落地前和教师击掌，如图 3-8 所示。教师应站在适当的位置，以方便幼儿与其击掌。

图 3-7　幼儿站在跳箱上

图 3-8　幼儿从跳箱上跳下

（2）旋转跳跃

这个游戏需要幼儿在跳箱上起跳后，身体在空中进行 180 度旋转再落地，如图 3-9 所示。在空中旋转身体是这个游戏的关键。

图 3-9　旋转跳跃

游戏准备：

跳箱、运动垫。

游戏玩法：

① 准备一层跳箱并铺好运动垫。

② 指导幼儿站到跳箱上，向前跳起并旋转身体，落地时身体要正好朝向跳箱的方向。

③ 如果幼儿在跳箱上不知道什么时候起跳，教师可以对其进行“1、2、3，跳”等语言提示。

④ 教师可根据幼儿对动作技巧的掌握程度升级游戏。例如，可以指导幼儿起跳后在空中进行 360 度的旋转，这样落地时身体就会朝向前方，如图 3-10 所示。

注意事项：

幼儿在落地时身体不容易保持平衡，教师要时刻注意并及时扶住幼儿。

图 3-10　升级游戏示意图

（3）绳子转呀转，我要躲一躲

这是需要通过跳起、下蹲等动作躲避飞舞的绳子的游戏。

游戏准备：

长度合适的绳子。

游戏玩法：

① 教师蹲下，手保持较低的姿势，将对折的绳子在低处左右摆动。幼儿通过跳跃躲避绳子，如图 3-11 所示。

② 教师保持蹲着的姿势，将手抬到比幼儿身高稍低的高度，左右摆动绳子。幼儿稍蹲下移动躲避绳子，如图 3-12 所示。

图 3-11　幼儿跳跃躲避绳子

图 3-12 幼儿蹲下移动躲避绳子

4. 投掷——齐心协力来传球

游戏准备：

球。

游戏玩法：

① 双人传球游戏。幼儿两人一组，面对面进行传球。两人需同时向对方投球，并接住对方投过来的球，如图 3-13 所示。

图 3-13 双人传球游戏

② 多人传球游戏（见图 3-14）。在双人传球游戏的基础上增加人数，最开始可以是三人一组传球，在传球前教师规定好传球的方向，然后教师提醒幼儿做好接球准备，再喊口令。在传球过程中幼儿要与他人做好配合，将手里的球传递给邻近自己的幼儿并接住另一方向的幼儿传过来的球，传球方向要和教师规定的方向一致。

图 3-14　多人传球游戏

5. 钻

（1）钻过呼啦圈

游戏准备：

呼啦圈。

游戏玩法：

① 教师示范如何钻过呼啦圈：将呼啦圈立起来，双手扶住，弯下腰，把一只脚跨入呼啦圈，接着跨入另外一只脚，然后将呼啦圈向上拉起，从头顶拿下来，如图 3-15 所示。

② 给幼儿每人发放一个大号的呼啦圈，教师指导幼儿练习钻呼啦圈。

③ 教师吹哨组织幼儿进行练习，看谁动作标准，钻得快。

图 3-15　钻过呼啦圈

（2）过拱桥

游戏玩法：

① 教师进行示范：两名教师双手搭在一起，形成一座“拱桥”。

② 将幼儿分成两组，一组搭桥，一组钻桥。钻桥的幼儿排成一队，从桥下钻过去，如图 3-16 所示。在钻桥过程中，搭桥的幼儿的手还可突然放下抓住钻桥的幼儿，被抓住的幼儿可在游戏结束后表演一个小节目。

③ 搭桥的幼儿与钻桥的幼儿互换角色进行游戏。

图 3-16　过拱桥

（3）有趣的毛毛虫

游戏准备：

毛毛虫隧道。

游戏玩法：

① 教师询问幼儿毛毛虫隧道可以怎么玩，当幼儿提出可以钻过毛毛虫隧道时，再引导幼儿进行游戏。

② 将幼儿分成两组，教师组织幼儿按顺序排队，依次钻过毛毛虫隧道，可以组织两组幼儿进行比赛，看哪个组先钻完，如图 3-17 所示。

③ 游戏过程中教师要维持秩序，引导幼儿按顺序钻。

图 3-17　有趣的毛毛虫

6. 爬

（1）蜘蛛爬

游戏玩法：

① 教师引导幼儿思考蜘蛛是怎么爬的。

② 教师示范蜘蛛爬的动作，并带领幼儿学习蜘蛛爬。

③ 幼儿分组练习蜘蛛爬的动作。

④ 教师向幼儿介绍游戏的规则和要求：手扶地，脚踩地，屁股抬高，向前爬，膝盖不可以碰到地面，如图 3–18 所示；幼儿要依次从起点爬到终点，到终点后走回起点继续排队等待。

⑤ 待幼儿动作熟练后可分组进行游戏。

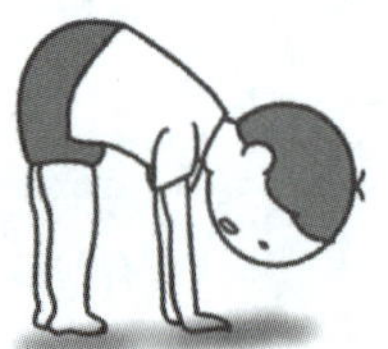   

图 3–18　蜘蛛爬

（2）螃蟹爬

游戏玩法：

① 教师引导幼儿思考螃蟹是怎么爬的。

② 教师示范螃蟹爬的动作，并带领幼儿学习螃蟹爬。

③ 幼儿分组练习螃蟹爬的动作。

④ 教师向幼儿介绍游戏的规则和要求：四肢撑地，屁股抬高，膝盖不可以碰到地面，四肢配合横着爬，如图 3–19 所示；幼儿要依次爬到终点，然后走回起点继续排队等待。

⑤ 教师将幼儿分成两组进行螃蟹爬的比赛，看哪组最先完成。

 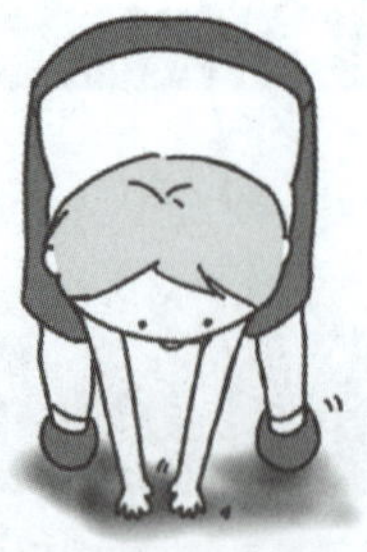 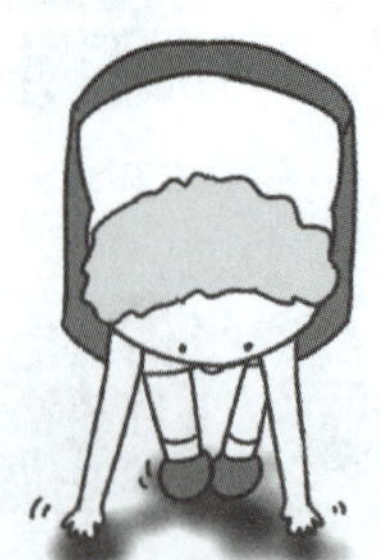

图 3–19　螃蟹爬

7. 平衡

（1）地瓜、土豆烤好了吗

这是以运动垫为烤箱，幼儿扮演地瓜和土豆并在运动垫上不断翻滚的游戏。幼儿起身站立时，还可以自由地摆出酷酷的姿势。

游戏准备：

运动垫。

游戏玩法：

① 地瓜翻一翻。幼儿仰面躺在运动垫上，手臂贴耳举过头顶，双腿伸直，从运动垫的一端翻滚到另一端，然后起身站立在地板上摆出自己喜欢的姿势，如图 3–20 所示。

图 3–20 地瓜翻一翻

② 土豆滚一滚。幼儿仰面躺在运动垫上，双手抱起蜷着的双腿进行翻滚，翻滚到运动垫的另一端后起身站立，摆出自己喜欢的姿势，如图 3–21 所示。

图 3–21 土豆滚一滚

注意事项：

幼儿起身站立时，可能会由于头晕而站立不稳，教师需要时刻守护在运动垫旁。

（2）平衡木——跨越障碍物

这是一个需要幼儿在平衡木上跨越障碍物的游戏，如图 3-22 所示。教师要引导幼儿思考怎样才能顺利跨越障碍物。

游戏准备：

鞋子（或积木）、平衡木、运动垫。

图 3-22　跨越障碍物

游戏玩法：

① 教师将鞋子或者积木等小物件作为障碍物放置在平衡木上。一开始放一个障碍物即可，待幼儿掌握游戏技巧后可以放置两个或者三个障碍物。

② 教师协助幼儿站上平衡木一端，引导其跨越障碍物后走向平衡木另一端。

③ 在平衡木上维持身体平衡非常不易，因此教师要告诉幼儿顺利跨越障碍物的方法。

注意事项：

跨越障碍物的动作会使前进的节奏发生变化，幼儿容易失去身体平衡。在游戏过程中，教师要站在幼儿的身边进行保护。

二、一物多玩类体适能游戏

1. 皮球

（1）拍拍手，接住球

这个游戏需要幼儿向上抛球，在球离开手的间隙拍手，然后再将球接住。教师要引导幼儿思考怎样才能在抛接球的间隙多拍手几次。

游戏准备：

皮球。

游戏玩法：

① 将球向上抛，如图 3–23 所示。

② 拍手，要引导幼儿尽可能地多拍几下手。

③ 球落下来时双手将球接住。

图 3–23　将球向上抛

（2）炸弹来了

这是将滚动的小球当作炸弹的游戏，教师要引导幼儿灵活移动来躲避小球，如图 3–24 所示。

图 3–24　炸弹来了

游戏准备：

皮球、绳子、运动垫。

游戏玩法：

① 在地板或地面上用绳子圈出的范围就是房子。房子可以是圆形的，也可以是四方

形的。铺一张运动垫或画出一个四方形作为看台席。

② 教师根据幼儿的人数圈出足够宽敞的场地。教师站在房子外将球滚向房子中，可以反复多扔几次。

③ 幼儿要努力躲开球，不能让球碰到自己的身体。被球碰到的幼儿即输掉游戏，要到房子外的看台席上坐好。

（3）运球竞速接力赛

这是两名幼儿为一组，使用毛巾搬运小球进行竞速比赛的游戏，如图 3–25 所示。使用毛巾运球时，由于小球不稳固，幼儿需要集中注意力。

图 3–25　用毛巾搬运球

游戏准备：

毛巾、皮球、绳子。

游戏玩法：

① 教师站在接力处，充当裁判。

② 将幼儿分成两队，每队再进行分组，每两人一组。

③ 两名幼儿需要用双手拿着毛巾的边缘，将球放在毛巾上搬运。

④ 在行进过程中，如果小球掉下去，幼儿要捡起球，然后在掉球处重新开始搬运。到达接力处时，要将球传给下一组幼儿。最先到达终点的一队获得胜利，如图 3–26 所示。

⑤ 幼儿掌握游戏技巧后，教师可升级游戏难度，让幼儿使用两根绳子搬运球。幼儿两人一组，各持两根绳子的一端，让两根绳子保持平行，将球夹在两根平行的绳子中间运球，如图 3–27 所示。

图 3-26　运球竞速接力赛

图 3-27　用绳子运球

2. 轮胎

轮胎有多种玩法，是一种非常好的幼儿户外游戏活动道具，以下为常见的几种轮胎玩法。

（1）滚轮胎

游戏准备：

轮胎。

游戏玩法：

① 教师示范并指导幼儿将轮胎立起来，推动轮胎使其不断向前滚动。

② 待幼儿熟悉轮胎玩法后，将幼儿分成两队，进行滚轮胎游戏。

③ 游戏开始后，每队队首的幼儿推着轮胎从起点出发，如图 3-28 所示。到达终点后，每队的第二名幼儿也推着轮胎出发，依次进行，直到每队最后一名幼儿完成游戏，用时短的队伍获得胜利。

图 3-28　滚轮胎

（2）跳轮胎

游戏准备：

轮胎。

游戏玩法：

① 教师将轮胎一个接一个连在一起，摆两排，如图 3-29 所示。

② 将幼儿分成两队，幼儿尝试跳进第一个轮胎，再从第一个轮胎跳进第二个轮胎，直到从最后一个轮胎中跳出来。

③ 待幼儿熟悉游戏玩法后，教师可组织幼儿进行小组赛。

图 3-29　跳轮胎

3. 彩虹伞

（1）跳跃颜色

游戏准备：

彩虹伞。

游戏玩法：

① 教师将彩虹伞铺在地面上。

② 幼儿一起分散站到彩虹伞上，教师唱儿歌“宝宝，宝宝，我问你，红颜色在哪里？”，幼儿要赶紧跑到彩虹伞红色区域中，如图 3-30 所示。

③ 教师可不停地变换口令，让幼儿快速跑到彩虹伞上相应的颜色区域中。

图 3-30　跳跃颜色

（2）转转彩虹伞

游戏准备：

彩虹伞。

游戏玩法：

① 幼儿站到彩虹伞下，几名教师配合，将彩虹伞向一个方向旋转。

② 教师喊出彩虹伞其中的一种颜色，幼儿要马上跑到彩虹伞这个颜色的区域下，跳起来，摸一下彩虹伞相应颜色的区域，如图 3-31 所示。

③ 教师可不停地变换口令，以充分调动幼儿游戏的积极性。

图 3-31　转转彩虹伞

（3）钻彩虹洞

游戏准备：

彩虹伞、节奏感较强的音乐。

游戏玩法：

① 几名教师将彩虹伞举起，形成一个大山洞，如图 3-32 所示。

② 幼儿排好队，以开飞机的姿势钻过山洞；还可以一个扶着一个的肩膀，像小火车一样钻过彩虹伞。

③ 为增加游戏的趣味性，教师可准备节奏感较强的音乐，让幼儿在音乐节奏中钻山洞。

图 3-32　钻彩虹洞

第三节 4~5 岁幼儿体适能活动案例

一、聪明的小老鼠

1. 活动目标

（1）锻炼幼儿脚踝和下肢的力量。

（2）幼儿能听懂大部分口令，完成游戏。

（3）培养幼儿遵守游戏规则和竞争的意识。

2. 活动重点

组织幼儿练习下蹲走和踮脚走。

3. 活动准备

（1）器材及道具准备：老鼠头饰，数量与幼儿人数相同；体能棒若干个；标志桶若干个；棒夹若干个；水果图片若干个；果树立牌 1 个。

（2）音乐准备：《北斗神拳》。

（3）场地准备：宽敞、平坦的户外场地。

4. 活动过程

（1）热身活动

教师组织幼儿排队站好，做热身操。

——小朋友们，北斗神拳准备！

播放音乐《北斗神拳》，教师带领幼儿做北斗神拳韵律操。

（2）矮人走、高人走

①引入游戏，让幼儿自由思考。

——小朋友们，看看老师手里的图片，这是什么动物呀？（教师出示老鼠图片）今天呢，请小朋友们来扮演小老鼠。现在是水果丰收的季节了，待会儿老师要带大家去果园摘果子，你们想不想去？

教师拿体能棒做横扫的动作，引入游戏让幼儿自由思考。

——小老鼠们，果园里的农夫一直在看管着果树，他会拿一根棍子横着扫来扫去，打到谁谁倒霉，咱们可不能被打到。所以，在去之前我们先来练习怎样避开棍子。如果咱们看到棍子扫过来了，要怎么样呀？

——小老鼠们，老师现在先来当农夫，我要拿着棍子打老鼠了，你们试一试，怎么躲避棍子呢？我要看看谁的方法多。

教师观察幼儿的表现，让两三名表现好的幼儿做示范，并说说自己的想法。

——请这几位小老鼠来说一说，他们是怎样躲避农夫的棍子的。其他小老鼠要认真听。

② 练习动作。

教师讲解矮人走（半蹲走）、高人走（踮脚走）的方法。半蹲走：双脚打开，膝盖弯曲，大腿和小腿成 90 度角向前走。踮脚走：踮起脚尖，向前走。

——这几位小老鼠的方法也很不错，老师有个更好更快的方法，我们来试试。农夫的棍子是横着扫的，棍子离地面还有一段距离，我们是不是可以蹲着走过去？等棍子从我们头顶划过去后，我们就可以快速站起来接着走。像老师这样做，双脚打开，膝盖弯曲，前进！小老鼠们，不要完全蹲下，否则站起来比较慢。这样走会让我们变矮，我们叫它矮人走。再来看看踮脚走，把脚后跟抬起，用脚尖走就行了。这样走会让我们变高，我们叫它高人走。

教师边喊口令，边带领幼儿练习矮人走、高人走。

——小老鼠们，跟着老师来练一练矮人走、高人走。

（3）进攻果园

① 第一次游戏。配班教师将果树立牌摆放好，拿着体能棒站在果树旁边。幼儿围着果树站成一个圆圈（见图 3–33），主班教师讲解游戏规则，带领幼儿玩游戏。配班教师扮演农夫。

——×× 老师扮成农夫，站在这里看守果树，他会拿着棍子扫来扫去。我会帮大家看着他的棍子。由于咱们的小老鼠很多，为了大家都不被发现，所以当老师喊矮人走时，你们都要半蹲走；老师说危险解除，大家赶紧排队转圈走；当老师喊高人走时，你们就要赶紧踮起脚尖走。

图 3–33　第一次游戏示意图

② 为了锻炼幼儿的反应能力以及增加游戏趣味，可颠倒口令进行游戏。

——小老鼠们，农夫看守果园很认真，但还是丢了很多果子，他非常生气，他这次要严加看守。而且他还知道了我们的口令，并想出了一个办法，来抓我们。他会拿着棍子模仿老师的声音说“高人走”，骗我们高人走，好打到我们。我们这么聪明，能被他骗到吗？所以，一会儿农夫说“高人走”，我们就要矮人走，农夫说“矮人走”，我们就要高人走。

③ 第二次游戏。待幼儿熟练掌握半蹲走、踮脚走技巧后教师可升级游戏难度。主班教师组织幼儿围成圆圈，中间为果园，圆圈中间放置 4 扇用标志桶、体能棒、棒夹组成的小门，注意小门的宽度只能容许 1 名幼儿进入，如图 3–34 所示。幼儿按照第一次游戏的规则玩游戏，配班教师扮演农夫。当主班教师说可以偷果子时，幼儿跑向小门，每个门可进入一名幼儿，进入者即可偷到果子，未进入的继续游戏。

——农夫为了防止大家偷果子，做了个大的围墙，围墙非常牢固。现在老师帮你们打通了 4 个小门，只有从小门进入的小老鼠才能跑进去偷果子。

图 3–34　第二次游戏示意图

（4）快乐结束

① 教师带领幼儿回顾活动内容，并根据幼儿情况进行点评，以鼓励为主。

——游戏结束了，咱们今天练习了什么动作？矮人走和高人走。小朋友们都当了小老鼠，用矮人走、高人走的本领去摘了果子，而且我们还练习了根据口令做相反的动作，小朋友们反应很快，躲过了农夫的看守。

② 教师和幼儿一起将器材收纳放好，并进行放松活动。

——今天小老鼠们都非常厉害，现在又到了我们的快乐放松时间，我们和好朋友一起互相捏捏肩、捶捶背、揉揉腿，放松一下吧！

5. 活动建议

（1）在玩游戏过程中教师要引导幼儿与他人保持一定距离，严禁推挤。

（2）备课时主班教师需要与配班教师沟通好，配班教师在幼儿中横扫体能棒时，要注意幼儿安全。

（3）若幼儿数量较多，可将幼儿分成多个队伍，分组进行游戏。

6. 观察与评价要点

（1）幼儿在半蹲走、踮脚走时能否保持身体平衡。

（2）幼儿在游戏中能否坚持完成任务。

二、山洞探险

1. 活动目标

（1）幼儿练习半蹲走、后退走、弯腰走等，提高身体平衡能力。

（2）幼儿能做徒手操，动作基本准确。

（3）幼儿能勇敢地参与游戏并能感受到游戏的快乐。

2. 活动重点

组织幼儿练习使用不同方法走路。

3. 活动准备

（1）器材及道具准备：小玩具（如小魔方、小汽车等），数量与幼儿人数相同。

（2）音乐准备：《红星闪闪》，欢快、有力的进行曲。

（3）场地准备：高 1.3 米的拱形门 4 个、高 1 米的拱形门 4 个、画好脚印（4~6 对）的小路，场地布置如图 3-35 所示。

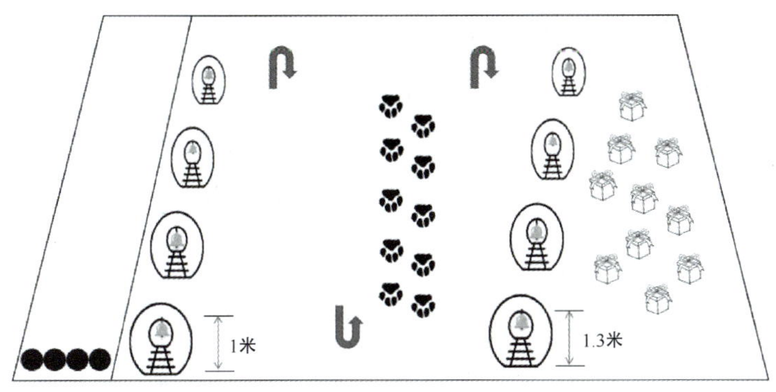

图 3-35 “山洞探险”场地布置示意图

4. 活动过程

（1）热身活动

① 创设游戏情境，激发幼儿兴趣。

——小朋友们，今天我们要做勇敢的探险队队员，你们高兴吗？让我们一起出发吧！

教师扮演探险队队长，幼儿扮演探险队队员，师幼一起随着音乐《红星闪闪》步入操场。

② 热身运动，活动重点部位。教师和幼儿在音乐（欢快、有力的进行曲）伴奏下做准备活动，从上到下活动头、肩、腰、膝盖、脚腕，两拍一个动作，每个部位活动两个八拍。

（2）山洞探险

① 学习新本领。

——探险队队员们，前方有个山洞，现在我们要通过这个山洞，你们有什么好办法？

教师引导幼儿说出弯腰走。教师带领幼儿进入矮山洞 (高 1 米的拱形门)，指导幼儿弯腰抬头向前走。

路遇迷雾，教师带领幼儿练习后退走。

——探险队队员们快看，前面有迷雾，赶快转过身体，倒退着通过小路。

教师边带领幼儿倒退着走 (也可请个别幼儿示范动作)，边引导幼儿用眼睛的余光观察后面的脚印，边倒退着沿脚印行进。

——探险队队员们，看看前面又有哪些机关 (脚印)？这个脚印和你们平时看到的有什么不同 (脚印是倒着的)？我们怎样才能走过去呢？

前方又遇到一个山洞（高 1.3 米的拱形门），教师引导幼儿说出半蹲走。

——探险队队员们，前方又有个山洞，要想通过这个山洞，你们有什么好办法？

请幼儿进行动作示范，教师讲解动作要领。

——小胸脯要挺直，两腿稍微弯曲，一直抬头向前走。

教师要不断提示幼儿尽量两腿半蹲向前走，并鼓励幼儿坚持走出山洞。

② 玩游戏：山洞大探险。

——探险队队员们，我们今天还有一项重要的任务，就是寻找宝藏（玩具），一会儿我们要继续沿刚才的路线探险，这次我们不仅要穿过山洞，还要在山洞里寻找到宝藏，看看哪位队员能够找到宝藏，并顺利到达终点。

幼儿再次结队游戏，教师进行个别指导，指导幼儿既要按照动作要领进行游戏，又要勇敢地参与，坚持完成任务。

（3）放松活动

两名或几名幼儿为一组，互相配合进行身体放松活动。

5. 活动建议

（1）准备活动的音乐可自行选择，欢快、有力的进行曲即可。

（2）如果没有高的拱形门，教师可根据园内情况，用晾衣架或大纸箱代替。

（3）教师可增加道具数量及变化场地，以增强游戏趣味性，减少幼儿等待的时间。

6. 观察与评价要点

（1）幼儿在走的过程中能否保持身体平衡。

（2）幼儿在游戏中能否坚持完成任务。

三、鲨鱼吃小鱼

1. 活动目标

（1）幼儿在四散追逐跑时，身体能较灵活地躲闪。

（2）幼儿学习用长布条玩抖动、钻、划船等游戏，有一定的协调能力。

（3）幼儿能充分体验集体游戏的快乐。

2. 活动重点

组织幼儿练习四散追逐跑。

3. 活动准备

（1）器材及道具准备：长 2 米、宽 1 米的绿色长布条若干个，呼啦圈 5 个，教师用的鲨鱼头饰 1 个，幼儿用的鲨鱼头饰 2 个。

（2）音乐准备：《Baby Shark》。

（3）场地准备：一块安全平坦的场地，呼啦圈四散摆放在场地内充当水草丛，场地布置如图 3-36 所示。

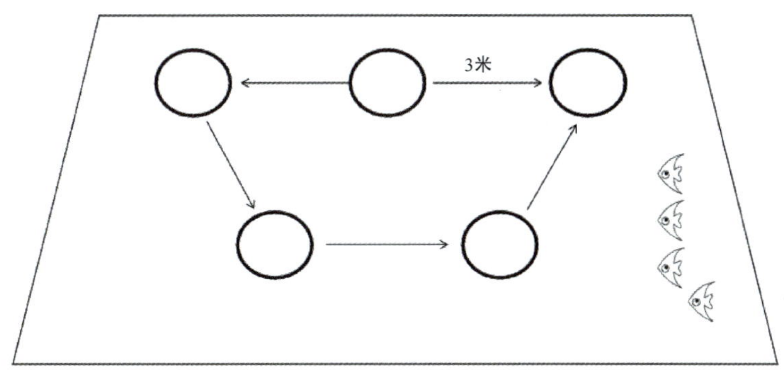

图 3-36 “鲨鱼吃小鱼”场地布置示意图

4. 活动过程

（1）热身活动

教师带领幼儿随着音乐《Baby Shark》做运动，模仿小鱼游的动作进入场地，幼儿分散站在场地上，边唱歌边做游戏。

幼儿扮演小鱼，教师扮演鲨鱼。音乐开始，教师要去捉幼儿，音乐停止时幼儿要蹲下躲避，教师去捉还没有来得及蹲下的幼儿。

（2）鲨鱼吃小鱼

——鲨鱼的肚子饿了，想抓小鱼吃，小鱼要想办法躲开鲨鱼，不能被抓到。

① 教师介绍游戏玩法。

——小鱼听到音乐时，要高高兴兴地在池塘里游泳，当音乐停止时，大鲨鱼出现了，它要吃小鱼啦！这时候，小鱼要迅速躲闪，跑着躲开大鲨鱼。在池塘里有五个草丛（呼啦圈），当小鱼快被大鲨鱼吃到时，要赶快跑进离自己最近的水草丛里，鲨鱼就吃不到了，等大鲨鱼游走后小鱼可以再出来游动。

② 幼儿初步学习游戏玩法。

主班教师戴好鲨鱼头饰，播放音乐，配班教师带领幼儿在场地上做任意自选动作（模仿小鱼）。主班教师关掉音乐后，进入池塘抓幼儿，注意不要马上就抓到幼儿，要先让幼儿四散跑开，最好在幼儿出现躲闪的动作、躲到水草丛中后，或者待幼儿持续跑 15~20 秒后，再开始抓幼儿。被抓到的幼儿到指定地点休息。

第一次游戏结束后，教师引导幼儿休息调整，并简单小结。

——小鱼一定要勇敢地游出来，不能总待在水草丛里面，跑的时候要看看鲨鱼在哪里。没有鲨鱼在身边时，小鱼可以放慢速度，保持体力。

③ 练习躲闪。

配班教师扮演大鲨鱼，重新开始游戏。主班教师带领幼儿躲闪时，注意引导幼儿观察大鲨鱼的位置，提醒幼儿不要盲目地乱跑。

④ 增加鲨鱼数量，继续游戏。

邀请两名幼儿当鲨鱼，重新开始游戏。教师要提示当鲨鱼的幼儿，抓小鱼时拍一下被抓幼儿的肩膀即可。

（3）和水草做游戏

——小鱼们，大鲨鱼游走了。水草想和小鱼做游戏，想一想，小鱼能和水草玩什么游戏呢？可以怎么玩？

① 和水草跳舞。四名幼儿分别拽住一根绿色长布条的一角，随音乐的节奏上下抖动长布条。

② 跟水草捉迷藏。两名幼儿为一组，分别拽住长布条的两头，几组幼儿依次排列，形成一个通道，其他幼儿从通道下面钻过去，几组游戏后幼儿可互换游戏角色。

（4）放松活动

——小鱼们都玩累了，需要回家休息一下了。

教师带领幼儿进行放松活动。

5. 活动建议

（1）教师可以自行调换音乐，音乐与准备活动的动作合拍即可。

（2）呼啦圈要放置在场地边上，不能影响幼儿跑动。

（3）游戏中教师要注意引导幼儿向不同的方向跑，注意安全，遇到前方有人跑来时，要及时躲闪。

6. 观察与评价要点

（1）幼儿在四散追逐跑时，是否有躲闪意识和灵活躲闪的能力。

（2）幼儿在抖动长布条时，是否能双手紧抓长布条边并双臂用力抖动。

四、小青蛙运动会

1. 活动目标

（1）幼儿立定跳远时，有摆臂助跳意识。

（2）幼儿单手肩上投掷时，能用上腰腹的力量。

（3）幼儿能认真观察同伴的动作。

2. 活动重点

组织幼儿练习立定跳远。

3. 活动准备

（1）器材及道具准备：装有不同填充物的沙包若干个、荷叶 15~20 片。

（2）音乐准备：《我爱洗澡》、欢快的音乐。

（3）场地准备：将荷叶固定在场地上，场地布置如图 3–37、图 3–38 所示。

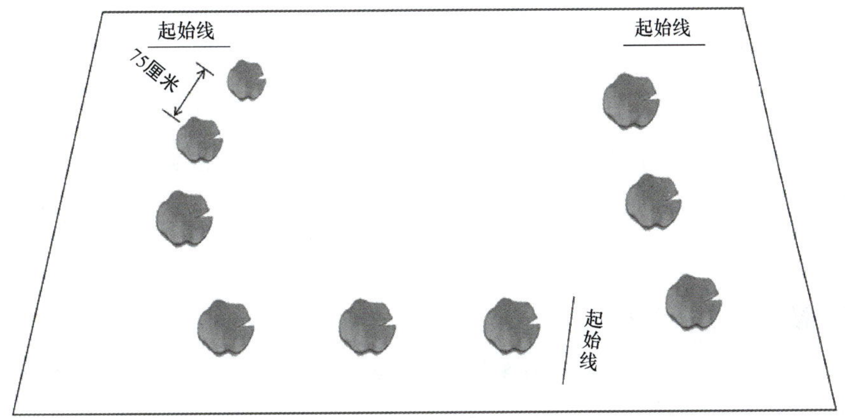

图 3–37 “小青蛙运动会”场地布置示意图 1

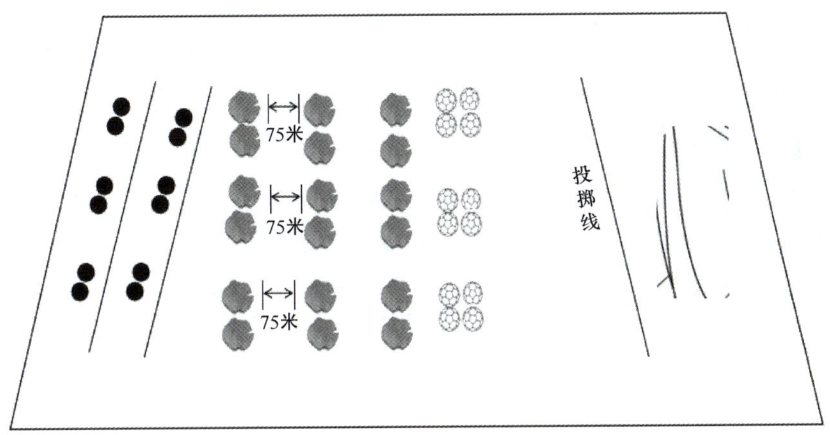

图 3–38 “小青蛙运动会”场地布置示意图 2

4. 活动过程

（1）热身活动

教师引导幼儿模仿一些动物的动作，例如蜗牛慢慢地走、螃蟹横着走、小鸭子摇摇摆摆地走、小白兔蹦蹦跳跳、小鸟飞。

播放音乐《我爱洗澡》，教师带领幼儿边唱儿歌边做游戏，活动手臂、膝盖、脚踝等部位，每个部位重复活动四次，充分热身，以免幼儿在运动中受伤。

（2）小青蛙跳荷叶

① 幼儿练习立定跳远。

——今天要举行小动物运动会，小青蛙也参加，谁能告诉我，小青蛙最大的本领是什么呢？

——对，跳！那好，一会儿我们就要参加立定跳远的比赛，在比赛之前我们先练习一下吧！

请幼儿在场地上自主练习立定跳远的动作，教师观察是否有摆臂跳的幼儿，若有可以请他给其他幼儿做示范；若没有，则请幼儿观察教师的示范动作。

教师可以示范并讲解摆臂立定跳远与不摆臂立定跳远，让幼儿对比观察。教师可以示范两次，第一次跳时只用脚蹬地跳，跳的距离近一些；第二次跳时加上摆臂和下蹲，摆臂和蹬地的动作要做得夸张一些，以便引起幼儿的注意。

教师可边唱儿歌，边示范。

——小青蛙，肚子大，双脚稍分站好啦。摆摆臂，弯弯膝，双脚蹬地向前跳。

示范后，教师带领幼儿进行练习，并向幼儿讲解立定跳远的动作要领：预备时，应双臂向后摆，双腿屈膝，身体向前弯；起跳时，双脚同时起跳，双腿蹬直，双臂向前摆动，摆臂动作与双脚蹬地要配合；落地时要屈膝缓冲，重心向前，双手掌心可触地以维持身体的平衡。

② 小青蛙跳荷叶。

教师引入小青蛙跳荷叶的情境，让幼儿扮演青蛙，进入如图 3–37 所示的场地。

——现在我们把本领学好了，我们到池塘里跳荷叶吧。记住了，要从一片荷叶跳到另一片荷叶上，不要掉进水里了。音乐响起的时候再开始跳哦，音乐停的时候要停下来。

音乐（播放欢快的音乐）开始，幼儿开始跳荷叶。音乐停止，幼儿结束跳荷叶。

——小青蛙们玩累了，我们先在荷叶上休息一下，放松放松吧！

③ 小青蛙运动会。

教师带领幼儿进入如图 3–38 所示的场地，举行“小青蛙运动会”。

——运动会马上就要开始了，请小青蛙们准备好，跳上荷叶，捡起沙包，根据老师的指令投球，谁投得最远，谁就获得胜利。

教师讲解游戏要求：幼儿依次跳上荷叶，拿起沙包走到投掷线前，单手肩上投掷，用力将沙包投向目标，投得最远的幼儿获胜。

投掷时，教师可将目标设置得离投掷线近一些，以让幼儿都能够获得成功体验。

（3）放松活动

——小青蛙们玩得真高兴啊，看看，白白的小肚皮都脏了，我们跳回池塘里洗洗澡吧。我们使劲搓搓腿，搓出好多泡泡呀！

教师带领幼儿在《我爱洗澡》的音乐下进行放松活动，可以做拍手、洗脸、洗头、搓澡、游水等动作，放松四肢。

5. 活动建议

（1）教师在指导幼儿立定跳远时，尽量不要把动作分开讲解，要让幼儿仔细观察后慢慢模仿。儿歌是用来帮助幼儿理解动作要领的，不要让幼儿边唱儿歌边做动作，这样幼儿的动作会脱节。

（2）荷叶离起始线的距离要根据幼儿的个体差异及动作发展水平来确定。

6. 观察与评价要点

（1）幼儿在立定跳远时，摆臂与起跳是否协调。

（2）幼儿在单手肩上投掷时，是否能用上腰腹的力量。

五、最勇敢的小猴子

1. 活动目标

（1）通过模仿小猴子，幼儿能四肢协调地手脚支撑向前爬。

（2）通过练习跨障碍物走、在斜坡上走、用前脚掌走，幼儿能较平稳地控制身体。

（3）幼儿愿意接受挑战，感受游戏的乐趣。

2. 活动重点

组织幼儿练习手脚支撑向前爬、跨障碍物走、在斜坡上走、用前脚掌走。

3. 活动准备

（1）器材及道具准备：高 20~25 厘米、宽 15 厘米的长方体障碍物 4 个（练习跨障碍物走），沙包若干个（练习用前脚掌走），斜坡平衡板 1 块（练习在斜坡上走）。

（2）音乐准备：《猴哥》、有趣的伴奏音乐。

（3）场地准备：场地布置如图 3–39 所示。

图 3-39 “最勇敢的小猴子”场地布置示意图

4. 活动过程

（1）热身活动

让幼儿通过扮演小猴子活动身体。

——小朋友！今天我们来扮演一种小动物，你们猜猜它是谁（教师模仿猴子的叫声）？老师做猴妈妈，你们做我的宝宝吧！我们一起随着音乐，活动一下身体吧！

播放音乐《猴哥》，师幼跟着音乐一起做热身活动，活动头、四肢等。

（2）小猴子学本领

① 幼儿尝试新动作。

——小猴子们，一会儿咱们要玩闯关游戏了，你们知道小猴子是怎么爬的吗？我们一起来试试吧。

幼儿自由尝试爬的动作，教师观察。

② 教师示范手脚支撑爬，要强调是手脚支撑，而不是手和膝盖支撑，防止幼儿混淆这两个动作。

——小猴子是手脚着地爬的，请大家仔细看猴妈妈的动作。

教师可边示范边唱儿歌，儿歌如下：

——小手小脚放地上，身体拱起一座桥，一二一二往前爬，身体不晃最重要。

③ 幼儿练习动作。

——小猴子们，快！我们快练起来吧，看看谁最棒！

幼儿练习手脚支撑爬，教师要重点引导幼儿手脚着地，屁股抬高，手脚协调地向前爬。

（3）小猴子闯关

教师布置好场地（需要三块场地，分别放有长方体障碍物、沙包、斜坡平衡板），组织幼儿练习跨障碍物走、在斜坡上走、用前脚掌走。

教师请幼儿观察场地，并请几名幼儿分别演示通过三块场地的方法。通过沙包场地时，幼儿需要用前脚掌走路，不可碰到沙包；通过有长方体障碍物的场地时，幼儿需要跨过障碍物；通过有斜坡平衡板的场地时，幼儿需要慢慢行走以保持身体平衡。

将幼儿分成三个小组，分别在三块场地中练习。第二轮游戏和第三轮游戏时要交换场地，使每名幼儿都能充分练习。

在练习跨障碍物走时，教师要帮助幼儿判断两腿迈过障碍物时抬的高度是否合适，提醒幼儿跨过障碍物时身体要保持平衡。

在练习用前脚掌走时，教师要指导幼儿如何平稳地控制身体，并鼓励幼儿坚持用前脚掌走完全程。

在练习在斜坡上走时，教师要指导幼儿在上坡和下坡的时候如何保持身体的平衡。

（4）放松活动

——小猴子们，你们真勇敢！

教师带领幼儿玩放松游戏，在腿上敲一敲、揉一揉，放松身体。

5. 活动建议

（1）教师可根据班内幼儿水平及兴趣，开展不同方式走的练习，如大步走、持物走等。

（2）教师可选择其他物体充当障碍物，但障碍物设置要符合幼儿的能力水平。

（3）用前脚掌走幼儿会比较累，所以规定的行走距离不宜过长，教师要注意控制幼儿的活动量。

6. 观察与评价要点

（1）幼儿在爬行过程中，能否四肢协调地手脚支撑向前爬。

（2）幼儿在尝试跨障碍物走、在斜坡上走、用前脚掌走时，能否平稳地控制身体。

六、给猫奶奶过生日

1. 活动目标

（1）幼儿可以跨过平衡木上的低矮障碍物，并能保持身体的平衡。

（2）幼儿能通过较窄的小路，并能保持身体的平衡。

2. 活动重点

组织幼儿练习迈过平衡木上的低矮障碍物。

3. 活动准备

（1）器材及道具准备：平衡木 2 个，长 300 厘米、宽 10 厘米、高 30 厘米；软方块 10 个（10 厘米 ×15 厘米），一个平衡木上粘贴 5 块，每两块间相隔 50 厘米；绳子 4 根，长 3 米，将其摆成两条宽 10 厘米的丛林小道；小鱼卡片，数量与幼儿人数相同；猫头饰 1 个（教师用）。

（2）音乐准备：《晨间体操》《彩虹的约定》《生日快乐》。

（3）场地准备：场地布置如图 3-40 所示。

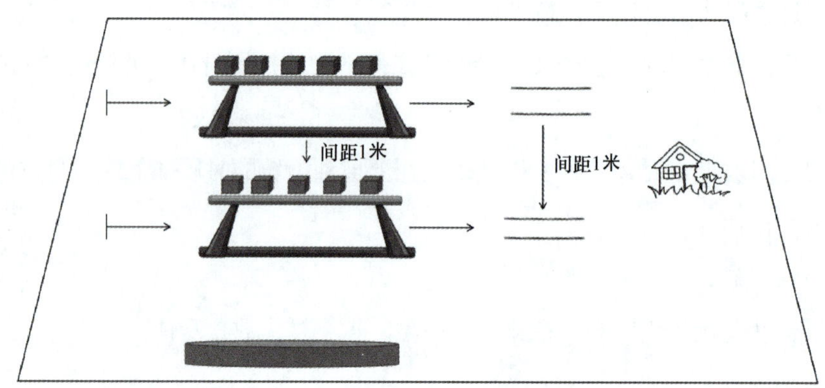

图 3-40 “给猫奶奶过生日”场地布置示意图

4. 活动过程

（1）热身活动

播放《晨间体操》，教师带领幼儿边唱儿歌边活动身体，活动头部、上肢、腰部、下肢，重点活动下肢，练习与平衡相关的动作。儿歌及动作说明如下：

小手抓一抓（上抓抓、下抓抓、前抓抓、后抓抓），胳膊绕一绕（左绕绕、右绕绕、上绕绕、下绕绕）。

膝盖抖一抖（慢慢地抖一抖、快快地抖一抖），脚腕转一转（左转转、右转转）。

我向左转一个圈，再向右转一个圈（向左、向右各转一圈）。

我跑一跑，跑一跑，我跑一个圈（四散跑一圈）。

我走一走，走走（走步调整）。

（2）小花猫学本领

① 教师交代活动任务。教师走到两个放好障碍物（软方块）的平衡木前。

——小猫要去给奶奶过生日，可是，去奶奶家的桥上有很多大泥块（软方块），小猫怎样才能平稳地走过去呢？我们先练习一下吧！

② 幼儿分组练习。将幼儿分成两组，分别由两名教师指导。幼儿依次走上平衡木，小心迈过障碍物。教师要提醒幼儿过桥（平衡木）时要小心，不能掉下桥，脚尖朝外会走得更稳一些。

（3）给猫奶奶送礼物

——猫奶奶要过生日了，我们去给奶奶送礼物好不好？

① 教师讲解游戏规则。

——去猫奶奶家要先过小桥，桥下面是鳄鱼池，小猫们一定要小心，下桥后走过窄窄的丛林小道，就可以到猫奶奶家了。

② 第一次游戏：送礼物。

幼儿每人拿一张小鱼卡片出发去猫奶奶家，依次通过小桥、丛林小道，陆续到达猫奶奶家，待幼儿到达猫奶奶家后，教师请幼儿看看猫奶奶是否在家（此时，猫奶奶不出现）。

幼儿原路返回起点。教师要提醒幼儿站稳脚后，再迈下一步，对能力差的幼儿，教师可以扶一下或跟着走几步。

③ 第二次游戏：再次送礼物。

待幼儿返回起点后，幼儿每人拿一张小鱼卡片再次出发去猫奶奶家，此时配班教师戴着猫头饰在猫奶奶的家中等待，收下小鱼卡片。待幼儿都走过来后，教师播放音乐《生日快乐》，大家一起唱生日歌。

（4）放松活动

播放音乐《彩虹的约定》，教师带领幼儿进行放松活动。

5. 活动建议

（1）平衡木上的软方块可以用积木块代替，注意平衡木上的障碍物不要太大以防绊倒幼儿。

（2）教师可根据幼儿水平，改变放置在平衡木上的软方块的数量。

（3）在进行热身活动时，尽量让幼儿分散站开，以免转圈时幼儿相互碰撞。

6. 观察与评价要点

（1）幼儿是否能勇敢地跨过平衡木上的障碍物，并能保持身体的平衡。

（2）幼儿是否可以通过较窄的小路并能保持身体的平衡。

七、花样篮球之我和篮球做朋友

1. 活动目标

（1）幼儿在游戏活动中认识篮球，体验篮球的不同玩法。

（2）幼儿通过游戏练习拨球，增加球感。

（3）幼儿能喜欢玩篮球，喜欢参加户外活动。

2. 活动重点

组织幼儿练习拨球、互相抛接球。

3. 活动准备

（1）经验准备：幼儿玩过球类游戏，提前给幼儿观看篮球比赛视频。

（2）器材及道具准备：篮球若干个。

（3）音乐准备：《灌篮高手》《我爱洗澡》等。

（4）场地准备：篮球场或宽敞的硬质地面场地。

4. 活动过程

（1）热身活动

教师组织幼儿排队站好，进行热身操练习。

——小朋友们，热身操准备！

播放热身操音乐《灌篮高手》，做热身韵律操。

（2）篮球滚滚

① 幼儿尝试拍球。

——小朋友们，看老师手里拿的是什么？篮球，你们谁会拍篮球呀？

引导幼儿自由拍球。

——小朋友们，你们想不想像篮球运动员那样厉害呀？现在你们每人拿一个篮球，试一试拍篮球。

幼儿一起练习拍球，教师挑选能力较强的幼儿进行示范，引导其他幼儿模仿。

——小朋友们玩篮球的花样真多，我们请 ×× 小朋友上来示范他是怎样拍球的，其他小朋友仔细观察，看看他和你们的玩法一样吗？

② 玩游戏，练动作。

教师指导幼儿两手拨球：第一，双腿打开，尽量打开得大一些；第二，弯腰，两只胳膊打开，手掌张开呈空心状，把球从一只手拨向另一只手。

——小朋友们，小篮球真是调皮，喜欢滚来滚去，那我们就和它玩一个滚球的游戏吧。来，像老师这样，把球放到两腿之间的地面上，双腿打开，使劲打开，打开到你快站不住为止。然后，两只胳膊打开，手像老师这样，手心是空的，用手指去拍球，然后弯腰拍球，把球从这只手拨向另一只手。

教师数数，引导幼儿听教师口令，按口令节奏拨球。

——现在，我来数数，我不停，你们就要一直拨球。我数得快，你们就要拨得快，我数得慢，你们就要拨得慢。来，试一试，不要让你的小篮球跑到别人家里去了。

③ 第一次游戏：篮球圆滚滚。

将幼儿分成两队，两两相隔 1~2 米面对面坐下。一队幼儿先拿球，将球推向自己对面的幼儿。幼儿要按教师的口令、语速来回推接球，如图 3-41 所示。主班教师在讲解游戏规则时，可与配班教师配合做动作示范。

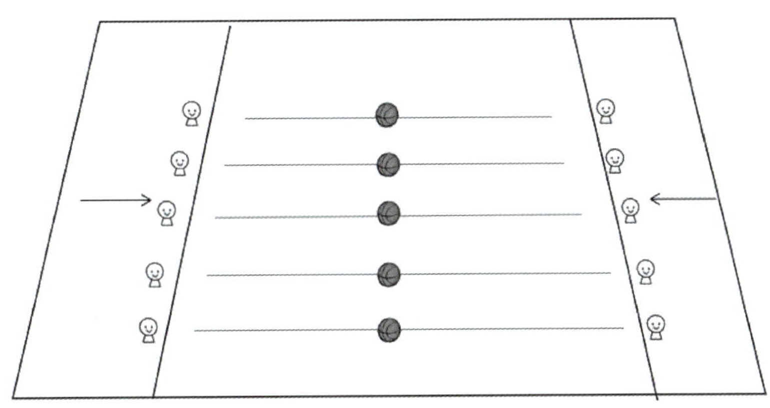

图 3-41　第一次游戏示意图

——小朋友们，小篮球觉得小朋友的两只胳膊之间距离太近了，它滚得不过瘾。它想在两名小朋友之间滚一滚。小朋友们分成两队，面对面坐下，把腿打开，当成小球门。像刚才一样，我数数，你们推球。看看哪一个小篮球最听话，不到处乱跑！

④ 第二次游戏：篮球过山洞。

两名幼儿一组，背对背站立，分开腿，形成山洞。两人使用一个篮球，弯腰从两人腿下相互拨球、接球。主班教师可与配班教师配合做动作示范。

——小朋友们，刚才我们陪着小篮球玩了滚球门的游戏，现在它又想玩过山洞游戏了，怎么玩呢？两名小朋友一组，像我们这样，背对背站立，两腿分开，看，小山洞就出现了。然后弯腰从腿下把球拨过山洞，另一位小朋友再给拨回来。看看这次你们能不能接住小篮球？

（3）互抛互接球

将幼儿分为两队，相距 3 米面对面站立，两队幼儿之间相距 1~2 米，互相抛接球。两名教师配合做动作示范。

——小篮球钻完山洞还没玩够，它还想让小朋友们把它抛起来。现在要开始啦！小朋友们一个人抛一个人接。咱们站成两排，分开点距离。小朋友要看准你对面的小伙伴，把球抛过去，要控制好自己的抛球力度，看球能不能刚好到对面小朋友的手里。对面的小朋友要看准球过来的方向，移动自己的身体，双手接球。老师看看哪组小朋友基本上不用移动就能把球接到。

（4）快乐结束

① 教师带领幼儿回顾活动内容，根据幼儿实际情况，简单总结点评，以鼓励为主，让幼儿感受到户外活动的乐趣。

——小朋友们，我们今天认识了小篮球，用小篮球玩了什么游戏？你们是怎么拨球的？

② 放松身体，收纳器材。

——小朋友们，请你们把小篮球放到球筐里。

③ 教师带领幼儿在《我爱洗澡》的音乐下进行放松活动，幼儿做搓泡泡、洗脸、洗头、搓澡、游水等动作，放松四肢。

——小朋友们玩得真高兴啊，看看，流了好多的汗呀！我们一起来洗洗澡吧！我们使劲地搓搓腿，搓出好多泡泡……

5. 活动建议

（1）游戏中球有可能会乱跑，让幼儿抱回来接着玩即可。

（2）玩游戏时，教师要用自己的热情带动幼儿。例如，带领幼儿打开双腿时，可以用夸张的语气和动作吸引幼儿的注意力。

（3）教师在刚开始数数时，要按慢速—正常—快速的顺序数数，当幼儿熟练后，可以不停地改变数数速度。

（4）幼儿玩互抛互接球时，可以引导幼儿将球拍向地面，球落地后再弹向对面幼儿，以降低抛接难度。

6. 观察与评价要点

（1）幼儿是否能根据口令进行游戏。

（2）在抛接球中，幼儿是否能够控制自己的抛球力度。

八、花样篮球之山洞运球

1. 活动目标

（1）在活动中培养幼儿原地高运球、低运球的能力。

（2）增强幼儿拍球球感，发展其手眼协调能力。

（3）使幼儿感受到篮球运动的乐趣，让幼儿发现篮球的多种玩法。

2. 活动重点

组织幼儿练习高运球、低运球。

3. 活动准备

（1）经验准备：幼儿会拨球，喜欢玩篮球。

（2）器材及道具准备：篮球若干个、拱门若干个、单元砖若干块、平衡板若干个。

（3）音乐准备：《篮球操》。

（4）场地准备：篮球场或宽敞的硬质地面场地。

4. 活动过程

（1）热身活动

教师播放音乐《篮球操》，带领幼儿做篮球操。篮球操动作说明如下：

预备节：

双手持球于胸前，两脚随节奏做起落动作，此动作做四个八拍。

左右手拨球：

右手持球用手腕的力量将球拨给左手，左手接球后用手腕的力量将球拨给右手，此动作做四个八拍。

伸展运动：

第一个、第三个八拍：双手持球经体前向上举，双手持球经体前向下放；

第二个、第四个八拍：左脚前点地，双手持球体前向上举，左脚还原成立正姿势，双手持球经体前向下放；右脚前点地，双手持球体前向上举，右脚还原成立正姿势，双手持球经体前向下放。

（2）高运球、低运球

① 回顾练习。

教师以提问的方式，带领幼儿回顾上节课的内容。教师可以做示范动作，以帮助幼儿回顾。

——小朋友们，看老师手里拿的是什么呀？那你们知道今天咱们要玩什么游戏吗？咱们已经玩过一次了，现在回忆一下，咱们上次学习的内容——我们学习了滚球、拨球，小朋友们还用身体搭了山洞，让篮球钻山洞，最后还让小篮球飞起来了。

引导幼儿自由探索篮球玩法，并请个别幼儿展示。

——除了滚球、拨球、抛球外，篮球的玩法还有很多种，今天老师带你们玩玩别的花样。有哪位小朋友有新的玩法？上来展示一下。

教师总结幼儿展示情况，引导幼儿练习原地单手高运球。

② 新动作练习：高运球。教师边示范边讲解高运球动作要领：第一，双脚打开略宽于肩，膝盖微屈，目视前方；第二，手腕放松，将球放于胸前，双手向下拍，双手手臂抬到胸前保护脸；第三，球的落地点在手的正下方，等球反弹到腰胸之间时，再次做拍球动作。拍球时，手指微屈，掌心是空心的。

——我刚才看到有的小朋友在拍球，拍球确实是玩篮球必须具备的本领。今天，老师就要教你们拍篮球。咱们来学一个正确的拍球方法，如果拍球姿势不正确，拍球时会很累，还拍不好。

教师边示范边讲解。

③ 新动作练习：低运球。

教师示范并讲解低运球。低运球动作要领与高运球基本相同，区别在于：第一，低运球站姿为双脚前后开立，两腿弯曲，上身前倾，重心落到前脚掌上；第二，低运球拍球高度在膝关节附近。

——刚才小朋友们学习了高运球，有高就有低，现在我们再来学习低运球。像老师这样，低运球的拍球姿势与高运球很像，只是让球弹起的高度在自己的膝盖附近就行了。大家试一试！

④ 我来说你来做。

教师喊口令，组织幼儿将高运球和低运球结合在一起练习。两种口令不可频繁切换，要给幼儿留出充足的练习时间。

——我们来玩一玩，看看谁学会了这两种拍法。大家注意听口令，我喊“高运球”，大家就高位拍球，我喊“低运球”，大家就低位拍球。

（3）大巨人与小矮人

① 第一次游戏：大巨人高运球。

用单元砖、平衡板拼出小桥，让幼儿站到小桥上原地高运球，球的落点在地面上。根据小桥的数量，将幼儿分成若干队。一名幼儿站在小桥上拍球时，其他幼儿在等待位置原地高运球。

——小朋友们，我们来玩一个大巨人高运球游戏。看！这里有 ×（数量）组小桥，我们分成 × 队，大家排好队，分别站到小桥上变成大巨人。听我的口令，每人拍 3~5 个高球，然后下来，换队内下一位小朋友上去。

② 第二次游戏：小矮人低运球。让幼儿依次钻拱门，在门下运球。

——现在我们变成小矮人，玩低运球。看到这些拱门了吗？一会儿，你们要在拱门下拍球，拍球时不能碰到门哦，让我看看谁能在拱门下顺利拍完 10 个球。

（4）快乐结束

① 教师根据幼儿实际情况，简单总结点评，以鼓励为主，让幼儿感受到篮球运动的乐趣。

——小朋友们，还记得今天我们玩了什么吗？谁能给老师展示下？我们学习了高运球、低运球，还变成了大巨人和小矮人来运球。小朋友们表现都不错，老师给你们点赞！不过，要想很熟练地运球，还要经常练习才行。小朋友们回家后，可以和爸爸妈妈一起练习哟！

② 放松身体。教师指导幼儿进行放松活动，并在身上敲一敲、擀一擀，使身体放松。

③ 收纳器材。教师将器材收纳箱放好，引导幼儿自主收纳器材。

——小朋友们，现在把你们的篮球放到收纳箱里吧！

5. 活动建议

（1）教师可根据幼儿体力灵活把握玩游戏的次数和时间。

（2）玩大巨人高运球游戏时，教师可充分利用园内的器材与道具，让幼儿站在不同高度的器材上运球。

（3）拱门要根据幼儿低运球的高度进行调整，不要太低。

（4）原地高运球和低运球需要反复多次练习，低运球时，幼儿也可以单腿跪在地上运球。

6. 观察与评价要点

（1）幼儿能否掌握高运球、低运球的方法。

（2）幼儿是否能身心愉悦地参与整个活动。

九、花样篮球之运球小达人

1. 活动目标

（1）幼儿练习原地运球和行进间运球。

（2）培养幼儿球感，锻炼其身体灵活性、协调性。

（3）培养幼儿对篮球的兴趣，使幼儿喜爱篮球。

2. 活动重点

组织幼儿练习拍球和行进间运球。

3. 活动准备

（1）经验准备：幼儿会拍球，提前给幼儿观看篮球比赛视频。

（2）器材及道具准备：篮球若干个、小椅子若干把。

（3）音乐准备：《快乐出发》《最美好的未来》。

（4）场地准备：篮球场或宽敞的硬质地面场地。

4. 活动过程

（1）热身活动

教师播放音乐《快乐出发》，带领幼儿做篮球操（同案例八）。

（2）学习新动作

① 回顾练习。

教师以提问的方式，带领幼儿回顾上次活动的内容。教师可以做示范动作，以帮助幼儿回顾。

——小朋友们，上次上完课有没有人回家玩球啊？有没有向爸爸妈妈展示你们学到的本领？谁还记得上次学了什么动作？我们大家一起动起来展示一下！

② 引入新动作。在已学动作的基础上，教师引导幼儿探索行进间运球。

——我们这节课仍然玩篮球，上节课我们练习了高运球、低运球，还玩了大巨人和小矮人的游戏。那些游戏都是站在原地运球的，你们想不想像赛场上的运动员那样边跑边拍球呀？请小朋友们试一试边走边拍球。

教师根据幼儿的表现，进行总结，可以请动作较标准的幼儿上前展示。

——这位小朋友动作很标准，我请他给大家展示一下，其他小朋友要仔细观察。

③ 教师讲解行进间运球的动作要领：第一，运球时应保持两脚前后自然开立，两膝微屈，上身稍前倾，头抬起，眼睛平视前方，非运球手臂屈肘平抬以保护球。第二，运球时掌心不要碰球，行进时拍球的后上方以向前运球。

——运球的姿势跟高运球是一样的。请小朋友们先原地运球，将你们的小胳膊抬起来保护球，慢慢向前走，走的时候拍球的后上方。

（3）运球小达人

① 第一次游戏——运球转转转。

将幼儿分成两队，设置好运球起点和终点，让幼儿从起点运球到终点，然后折返，将球交给下一名幼儿，下一名幼儿接到球后出发，直到所有幼儿完成游戏。

——我们来玩一个运球走的游戏。小朋友们站成两队，看到前面的终点了吗？一会儿我们要运球走到终点，然后再运球走回来，将球交给下一个小朋友，不能丢球，要交到小朋友手里哦！接到球的小朋友要快速出发，我们看哪一队小朋友最快完成游戏。

② 第二次游戏——绕障碍物（小椅子）运球。

将小椅子摆两列，每两个之间距离 3 米，让幼儿走 S 形曲线绕过小椅子，到达终点后抱着球跑回来。

——刚才我们是运球走直线到终点。这回我们要运球绕过小椅子，到达终点后双手抱球跑回起点。我们看哪一队最先完成游戏。

（4）快乐结束

① 教师带领幼儿回顾本次活动内容，根据幼儿表现进行点评。

——今天小朋友们开心吗？今天大家不仅练习了拍球，还能运球走、运球绕过障碍物了，有些小朋友的球不听话，如果多加练习，篮球就会跟你们成为更加亲密的好朋友，你们之间会配合得更加默契。大家给自己鼓鼓掌吧！

② 放松身体。在音乐《最美好的未来》中做放松运动。

③ 教师将器材收纳箱放好，引导幼儿收纳器材。

5. 活动建议

（1）幼儿在玩球时会因为球不容易控制而产生挫败感，教师要多鼓励。

（2）教师可适当表演胯下运球、投篮等，激发幼儿对篮球的兴趣。

6. 观察与评价要点

（1）幼儿在运球走的时候，动作是否连贯、协调。

（2）幼儿在运球绕障碍物走时，是否能保持身体平衡，球是否四处跑。

十、花样篮球之和篮球一起玩

1. 活动目标

（1）幼儿练习自抛自接球和投篮，增强其球感。

（2）锻炼幼儿身体灵活性、协调性。

（3）培养幼儿不怕困难、积极向上的精神。

2. 活动重点

组织幼儿练习自抛自接球和投篮。

3. 活动准备

（1）经验准备：幼儿会原地运球、行进间运球。

（2）器材及道具准备：篮球若干个、大体能环若干个、篮球架 2 个。

（3）音乐准备：《快乐出发》、欢快的音乐（如《灌篮高手》）。

（4）场地准备：篮球场或宽敞的硬质地面场地。

4. 活动过程

（1）热身活动

教师组织幼儿排队站好，进行热身操练习。

——小朋友们，热身操准备！

播放热身操音乐《快乐出发》，教师带领幼儿做热身韵律操。

（2）动作练习

① 回顾练习。教师带领幼儿回顾原地拍球、运球等动作要领。

——小朋友们，这一次活动，我们还要和小篮球一起玩。现在小朋友们每人去取一个篮球，然后回到你们的位置上。谁还记得前面几次活动中我们学了哪些动作？现在老师要选几位小朋友上来示范，有没有小朋友主动上来？

教师挑几名幼儿上来示范原地拍球、运球、互抛互接球，其他幼儿回顾动作，然后所有幼儿一起练习。在幼儿练习时，教师要进行适当指导。

——现在请大家双脚分开，与肩同宽，站好。我们请这两位小朋友示范一下，其他小朋友要赶紧回顾一下，然后大家一起动起来。先来做原地拍球，然后高运球—低运球—向老师的方向走，边走边拍球。

② 新动作练习：自抛自接球练习。

引导幼儿尝试练习自抛自接球，教师要观察幼儿的自抛自接球动作是否协调，以便有针对性地指导。注意刚开始练习时让幼儿将球抛到与自己头差不多的高度即可。

——刚才我们练习了两个人抛接球，如果一个人抛接球，要怎么玩呢？大家试一试。先不要抛得太高。

请自抛自接球动作较标准的幼儿上前示范，教师根据幼儿自抛自接球的情况进行指导。教师要边指导边讲解自抛自接球动作要领：双脚自然分开，与肩同宽；双臂自然弯曲于体侧，两手五指自然张开，双手托住球放在腰前，手心空出。抛球时，两臂同时向上用力抛，眼睛跟随球的方向移动；接球时，手保持原来的姿势，跟随球下落，由上向下将球接住。

——我们请 ×× 小朋友来示范一下，他是怎样自己抛接球的，大家仔细观察。

让幼儿拉大间距，引导幼儿自己练习自抛自接球。

——现在大家拉开与他人的距离，原地练习，看看谁接得好。

③ 新动作练习：投篮练习。

教师侧向幼儿，手臂伸出，双手持大体能环，从幼儿面前走过，让幼儿逐个投篮。

——现在老师手里有一个大圆圈，请小朋友们试一试，能不能把篮球投进来？

教师指导幼儿学习投篮动作。投篮动作要领：第一，站姿与抛接球相同，双手持球于胸前；第二，投球时，两臂向斜上方举，双手用力拨球将球投向篮筐。

教师再次手持大体能环，让幼儿逐个练习投篮。

——我们再来投一次，看看这次会不会投得比上次好。

（3）我和篮球一起玩

① 第一次游戏——大赢家。

教师组织幼儿练习持续自抛自接球 2 分钟，鼓励幼儿坚持游戏。让幼儿排成两排，相互之间距离要大点。教师可根据幼儿的掌握情况，规定幼儿抛球高度。

——现在小朋友们学习了怎么自抛自接球，接下来还要好好练习。老师给你们计时，看看谁能坚持抛接球 2 分钟？

② 第二次游戏——投篮比赛。

幼儿进行投篮比赛。教师将幼儿分成两队，分别带到篮球架前，练习投篮。待幼儿熟练后，可进行投篮比赛，看哪队投篮成功率高。

——刚才我们用体能环作为篮筐练习了投篮，这次要真正地投篮啦！现在请大家排好队站到篮球架前，依次投篮。小朋友们要一个一个地来，等前边的小朋友把球捡回来后再投。

（4）快乐结束

① 教师根据幼儿实际情况，结合本次活动目标，进行总结点评。

——今天小朋友们练习了好多动作，有拍球、抛接球、投篮等，小朋友们越来越像一个篮球小将了，如果你们想象篮球比赛里的运动员那样厉害，大家就要多多练习哦！

② 放松身体。教师播放欢快的音乐，带领幼儿做篮球操（同案例八）。

——大家玩累了吧？现在和小篮球一起做做放松操。

③ 教师将器材收纳箱放好，引导幼儿将篮球放回收纳箱。

——现在请你们把小篮球送回家吧。

5. 活动建议

（1）篮球操可作为热身操，也可作为放松操，教师可根据活动情况灵活调整。

（2）在自抛自接球的过程中，教师要注意拉大幼儿之间的距离，避免出现幼儿被球砸到等情况。

6. 观察与评价要点

（1）幼儿对原地拍球、运球等之前学习的动作是否熟练掌握。

（2）幼儿自抛自接球能否连续进行，最多能做几个，最少能做几个。

第四章 5~6 岁幼儿体适能活动

学习目标

1. 了解 5~6 岁幼儿年龄特征及体适能发展目标。
2. 掌握 5~6 岁幼儿体适能活动游戏素材。
3. 熟悉 5~6 岁幼儿体适能活动案例。

建议课时：22 课时

本章介绍了 5~6 岁幼儿年龄特征、体适能发展目标。同时，本章提供了大量 5~6 岁幼儿体适能活动游戏素材及体适能活动案例，供学习参考。

第一节 5~6 岁幼儿体适能活动指导

5~6 岁的幼儿身体发展迅速，动作协调、稳定，基本掌握了主要的全身运动技能。同时，处于该年龄段的幼儿理解力、观察力增强，适合参与更加有难度、有挑战和需要团队协作的活动。教师应根据 5~6 岁幼儿的年龄特征来设计体适能活动以促进幼儿全面发展。

一、5~6 岁幼儿年龄特征

大班时期是幼儿在幼儿园的最后一年，这一年是幼儿从幼儿园迈向小学的一个过渡期，也是幼儿从游戏阶段向学习阶段过渡的一个时期，要想帮助幼儿更好地度过，就要充分了解 5~6 岁幼儿的年龄特征。

1. 大运动、精细运动迅速发展

5~6 岁幼儿动作的灵活性不断增强，能较熟练地做大肌肉运动，如单脚跳等；平衡能力不断提高，能攀爬、滑行等；精细动作技能大幅提高，能较自如地控制手腕和手指，灵活地使用一些工具，如剪刀、锤子等；能用泥进行精细造型。

2. 认知能力提高

5~6 岁幼儿观察的目的性不断增强，能主动观察自己感兴趣的事物，观察的时间也有所增加。处于该年龄段的幼儿会把事物的各方面联系起来，开始寻求所观察事物之间的内在联系和本质特征。

3. 社会性初步发展

5~6 岁幼儿自我评价能力开始初步发展，当别人的评价与自己的感觉不相符时，会表示反对和进行争辩；多数幼儿有相对稳定的爱好和朋友；自我控制能力增强，能初步控制自己的外部表现；规则意识增强，大多时候能遵守集体制定的行为规则；合作意识增强，可以与其他幼儿一起开展合作性游戏。

4. 情感的稳定性和有意性增长

5~6 岁幼儿开始能够有意识地控制自己情感的外部表现，例如，摔痛了能忍着不哭。此时，幼儿由社会需要而产生的情感也开始发展，例如，当自己的表现或作品被忽视时幼儿会感到不安，当让他们照顾比自己小的幼儿时会表现得很尽职。

5. 合作意识逐渐增强

5~6 岁的幼儿在社会交往中开始有合作意识。他们会选择自己喜欢的玩伴，也能与三五个小朋友一起开展合作性游戏。他们逐渐明白遵守原则和服从集体约定，也能向其他伙伴介绍、解释游戏规则。例如，在小舞台表演游戏中，几个小朋友能一起分配角色、道具，能以语言、动作等进行表演，并有一定的合作水平。

6. 规则意识逐步形成

5~6 岁的幼儿规则意识开始形成，他们开始学习控制自己的行为，遵守集体的共同规则。例如，游戏结束了要把玩具整理好放回原处，上课发言要举手等。

一、5~6 岁幼儿体适能发展目标

2012 年，教育部印发的《3~6 岁儿童学习与发展指南》（以下简称《指南》）将幼儿的学习与发展分为健康、语言、社会、科学、艺术五个领域，每个领域按照幼儿学习与发展最基本、最重要的内容被划分为若干方面，在健康领域对 5~6 岁幼儿动作发展的要求见表 4–1。

表 4–1　　在健康领域对 5~6 岁幼儿动作发展的要求

要求	具体表现
具有一定的平衡能力，动作协调、灵敏	① 能在斜坡、荡桥和有一定间隔的物体上较平稳地行走 ② 能以手脚并用的方式安全地爬攀登架、网等 ③ 能连续跳绳 ④ 能躲避他人滚过来的球或扔过来的沙包 ⑤ 能连续拍球
具有一定的力量和耐力	① 能双手抓杠悬空吊起 20 秒左右 ② 能单手将沙包向前投掷 5 米左右 ③ 能单脚连续向前跳 8 米左右 ④ 能快跑 25 米左右 ⑤ 能连续行走 1.5 公里以上（途中可适当停歇）
手的动作灵活协调	① 能根据需要画出图形，线条基本平滑 ② 能熟练使用筷子 ③ 能沿轮廓线剪出由曲线构成的简单图形，边线吻合且平滑 ④ 能使用简单的劳动工具或用具

根据《指南》，5~6 岁幼儿体适能发展目标可概括为以下几点：

1. 幼儿能积极参加身体锻炼，有自主、合作的意识，有坚强、勇敢的品质，能遵守纪律。

2. 幼儿有团队意识，能根据口令行动，做操动作到位、有力。

3. 幼儿能参与由走、跑、跳、踢、滚、转、推、拉、掷、抛接、攀爬等多种运动形式组成的活动，能灵活协调地控制身体。

4. 幼儿能利用多种运动器材、游戏道具创造性地进行体适能活动。

5. 幼儿对不同的气温、环境变化有一定的适应能力。

第二节　5~6 岁幼儿体适能活动游戏素材

一、发展动作类体适能游戏

1. 走

（1）摸摸脚跟向前走

这个游戏需要幼儿一边触摸脚心，一边在运动垫上走路。教师要提醒幼儿单腿站立时注意保持平衡，不要摔倒。

游戏准备：

运动垫。

游戏玩法：

① 玩法 1：幼儿站在运动垫上，右手触摸左脚跟、左手触摸右脚跟，一边做动作一边前进。注意触摸脚跟时，幼儿要将小腿抬到身体的前方，如图 4–1 所示。

② 玩法 2：幼儿需要将小腿抬向身体后面，右手触摸左脚跟，左手触摸右脚跟，如图 4–2 所示。一边重复做上述动作，一边前进。

图 4–1　游戏玩法 1

图 4–2　游戏玩法 2

（2）大猩猩走路

这个游戏需要幼儿模仿大猩猩走路，看谁模仿得最逼真。

游戏玩法：

① 幼儿要双脚分开站立，身体向前弯曲，双手分别握住双脚，如图 4–3 所示。

图 4–3　大猩猩走路

② 双手握住双脚向前走。做动作的同时，如果幼儿能模仿出大猩猩的神态，那就更有趣了。

（3）顶绳子，走一走

这个游戏需要幼儿将绳子放在头顶或身体其他部位，然后再行走，绳子不能掉落下来。

游戏准备：

绳子。

游戏玩法：

① 幼儿将绳子折叠几次，团在一起后放在头顶上再行走。

② 在游戏过程中，如果绳子从头顶滑落到脸上或身体其他部位上，幼儿要想办法确保绳子不掉到地上，然后继续前进，如图 4–4 所示。

图 4–4　顶绳子，走一走

2. 跑

（1）抓人游戏

这是在一旦被捉到就不能动的简单抓人游戏的基础上加入了一些模仿动作的新游戏。游戏中如果被抓到，幼儿要模仿西瓜虫、海豹等，如图 4–5 所示。

游戏玩法：

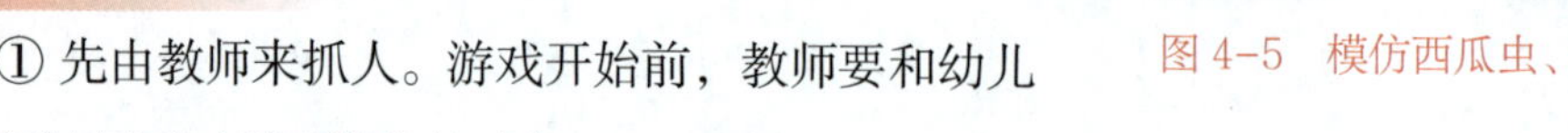

图 4–5　模仿西瓜虫、海豹

① 先由教师来抓人。游戏开始前，教师要和幼儿约定好被抓到时需要模仿的对象。

② 幼儿被教师抓到后，要立即模仿约定好的对象并保持姿势不动；如果被其他还没被抓住的幼儿碰到，就可以被解救，继续游戏。

③ 待幼儿熟悉游戏规则后，教师可以选一名幼儿来抓人。

（2）运动垫擦地板大赛

这是让全体幼儿都开心地擦地板的游戏。将运动垫当作一块大抹布（见图 4–6），比一比哪一组幼儿擦地板的速度最快。

图 4–6　运动垫擦地板

游戏准备：

运动垫。

游戏玩法：

① 玩法 1：运动垫接力赛。教师准备两块运动垫，以接力赛的形式开展游戏，每次由 2~5 名幼儿推着运动垫前进，推到终点后幼儿需要再将运动垫推回起点，交给下一组幼儿，如图 4–7 所示。两名教师分别站在起点的两边看护幼儿，看哪一队先完成比赛。

图 4-7　运动垫接力赛

② 玩法 2：运动垫竞速赛。教师确定好起点和终点，将幼儿分成数个小组开展推运动垫竞速赛（看哪组最快），每组成员以 2~5 人为宜，如图 4-8 所示。起点和终点处最好能分别有教师看护，如果只有一名教师，那么教师应该跟随幼儿不断移动，以确保幼儿的安全。

图 4-8　运动垫竞速赛

注意事项：

教师应确保幼儿双手位置及动作正确。如果幼儿将手指搭在运动垫的边缘，那么在游戏过程中幼儿的手指就会容易受伤。因此，教师一定要告诉幼儿“双手张开放在运动垫上”，如图 4–9 所示。此外，教师应根据运动垫的大小和重量来决定每组幼儿的人数。

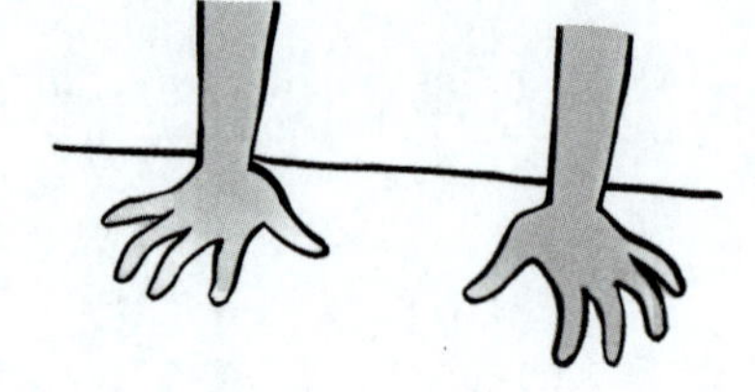
图 4–9　双手张开放在运动垫上

（3）听口令往返跑

这个游戏要求幼儿在起点与运动垫之间进行往返跑，幼儿要先迅速跑向运动垫并触摸运动垫，然后再跑回起点，如图 4–10 所示。

游戏准备：

运动垫。

游戏玩法：

① 在幼儿起跑之前，教师说出“用手触摸运动垫”“用屁股触摸运动垫”或“用肚子触摸运动垫”等口令。

② 幼儿跑向运动垫，并按照教师的口令做出相应的动作，然后跑回起点。

图 4–10　听口令往返跑

3. 跳

（1）跳过池塘

这是以绳子围成的圆圈充当池塘，幼儿需要跳过池塘的游戏，如图 4–11 所示。

游戏准备：

绳子。

游戏玩法：

① 教师组织幼儿进行热身运动，活动身体各关节。

② 教师向幼儿说明游戏规则——绳子围成的圆圈即为池塘，幼儿要双脚跳过池塘。

③ 教师要提醒幼儿跳跃时不要掉到池塘里，在幼儿跳的过程中，教师要反复强调让其双脚跳跃。

④ 幼儿依次排队跳跃，直至最后一名幼儿完成游戏。

注意事项：

教师一定要将绳子围成圆圈，在跳跃过程中教师要观察幼儿肢体是否协调。

图 4–11　跳过池塘

（2）跳越岛屿

游戏准备：

运动垫。

游戏玩法：

① 教师带领幼儿进行热身运动，活动身体各关节。

② 教师讲解游戏规则、要求。

③ 教师将运动垫并排且有间距地摆放好，引导幼儿将运动垫想象成岛屿，指导幼儿从一个岛屿跳向另一个岛屿，如图 4–12 所示。

④ 教师要注意指导幼儿掌握跳越的动作要领（双腿尽可能地向远处跳）。

⑤ 幼儿依次完成跳越的动作，教师要注意让前后幼儿保持一定的距离。

（3）跳箱游戏

这是把一层跳箱当作小山，让幼儿跳跃翻山的游戏。这个游戏需要幼儿双脚起跳和双脚落地，可以帮助幼儿掌握立定跳远的起跳动作。

图 4-12　跳越岛屿

游戏准备：

跳箱、运动垫。

游戏玩法：

① 教师准备好一层跳箱并铺好运动垫，幼儿助跑后在跳箱前双脚起跳，跳越跳箱，如图 4-13 所示。

图 4-13　跳箱游戏

② 教师要跟随幼儿的动作不断移动身体，以便对幼儿进行保护和提供帮助。

4. 投掷——集体小球大战

这个游戏需要幼儿一边防守自己营地里的靶子，一边努力用小球打到对方营地的靶子，同时还要避免自己被球打到。这是一个既有攻击又有防守的集体作战游戏。

游戏准备：

小球、装有颜料水的塑料瓶、大积木。

游戏玩法：

① 将球场一分为二，并将全体幼儿分成两个小组，每组分得一半球场作为营地。

② 在两个营地的最后面放置靶子，可以成为靶子的物体有障碍物、塑料瓶积木等。该游戏是在一块大积木上放置塑料瓶，将其作为靶子。在塑料瓶里装一些红色或蓝色的颜料水，使瓶子更加稳固，如图 4–14 所示。

③ 幼儿要将小球投向对方队员或靶子。被球打到的幼儿即输掉游戏，要立即站到营地外。

④ 如果幼儿接住对方投过来的球，该组外场被淘汰的所有队员都可以返回营地，继续参加游戏。

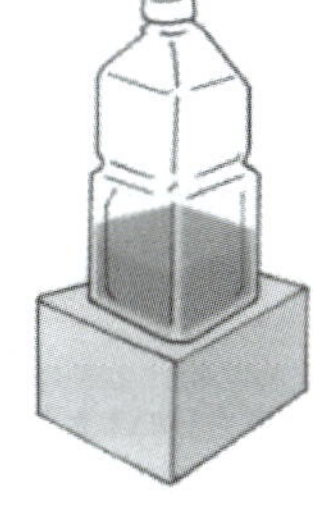

图 4–14　靶子

⑤ 先用球打中对方所有队员或者击中对方营地里靶子的一组获得胜利。

注意事项：

为了充分调动幼儿，教师可以在两个小组内进行作战部署，例如确定特定的投球手和守门员等，分配好任务后幼儿才能更加有效地进行攻击和防守。

5. 钻、爬

（1）呼啦圈，钻一钻

这是一个需要幼儿从旋转的呼啦圈中钻过的游戏。看准时机，努力穿越呼啦圈吧！

游戏准备：

呼啦圈。

游戏玩法：

① 教师在幼儿前方旋转呼啦圈。

② 幼儿寻找适当的时机从呼啦圈中穿过，如图 4–15 所示。

③ 游戏过程中，身体完全没有接触到呼啦圈的幼儿获得胜利。

④ 教师旋转呼啦圈时，既要想办法控制呼啦圈不倒下，又要帮助幼儿快速掌握呼啦圈的运动方向。

注意事项：

这个游戏要在宽敞且人少的地方开展，教师要确保呼啦圈周围没有其他人。

图 4-15 呼啦圈，钻一钻

（2）平衡木——双手支撑，横向移动

这个游戏需要幼儿双脚搭在平衡木上，双手支撑在运动垫上，横向移动，如图 4-16 所示。这个游戏可以锻炼幼儿双臂的支撑能力，从而为幼儿在运动垫上进行侧翻和倒立等打下基础。

图 4-16 双手支撑，横向移动

游戏准备：

平衡木、运动垫。

游戏玩法：

① 幼儿双手牢牢地支撑在运动垫上，双脚搭在平衡木上，通过移动手脚，使身体横向移动。

② 刚开始游戏时，幼儿很难保持双腿伸直。这时教师要告诉幼儿，即使双腿无法伸直，手臂也要伸直，而且手掌要牢牢地支撑在运动垫上。

注意事项：

脚从平衡木上滑落下来会非常危险，教师要提醒幼儿穿鞋或者脱掉袜子以增加脚与平衡木间的摩擦力。

（3）钻山洞

这个游戏可以增强幼儿手臂支撑身体的能力，因此它是运动垫运动及跳箱运动的基础。

游戏准备：

运动垫。

游戏玩法：

① 教师使用运动垫制作隧道，幼儿手脚支撑爬行穿过隧道，如图 4-17 所示。

② 幼儿的头部刚刚穿过隧道时，教师将手松开，能够成功爬出的幼儿获得胜利。

③ 教师要提醒幼儿手掌要完全张开，整个手掌要稳固地撑在运动垫上。这一点很关键，这样手掌才能更好地撑起全身。

图 4-17　钻山洞

6. 平衡

（1）小红帽买帽子

游戏准备：

圆锥形标志物。

游戏玩法：

① 幼儿排两队在起点位置站好，终点位置摆放若干圆锥形标志物。

② 两队幼儿比赛，教师说开始后，两队队首的幼儿快速跑向终点，如图 4–18 所示。幼儿要拿起标志物放在头顶上，然后返回起点（头顶上的标志物不可掉下来），与下一名幼儿击掌后下一名幼儿出发。

图 4–18　小红帽买帽子

③ 规定时间内看哪队幼儿拿到的圆锥形标志物最多。

（2）燕翅平衡

游戏玩法：

① 教师示范动作：单脚踩实地面，双手侧平举，身体直立，一条腿弯曲向上抬起，如图 4–19 所示。

② 游戏开始时，教师可先要求幼儿保持身体稳定，再强调动作的规范性。看谁坚持的时间最长。

图 4–19　燕翅平衡

（3）斗鸡

游戏玩法：

① 幼儿分成两组，分别练习抱腿单脚跳，模仿小公鸡。

② 待幼儿动作熟练后，教师可组织幼儿开展斗鸡大赛，幼儿两两相对进行斗鸡大赛，选出斗鸡大王。斗鸡的规则是：两人均抱腿单脚跳，用膝盖相互碰撞，如图 4–20 所示，不能用手推。坚持不住双脚着地的为失败者，坚持到最后的几名幼儿为斗鸡大王。

③ 教师表彰斗鸡大王。

图 4–20　斗鸡

（4）头顶绳子坐下

这个游戏需要幼儿用头顶着绳子慢慢地坐下，在这个过程中幼儿要保证绳子不掉落，如图 4–21 所示。

图 4–21　头顶绳子坐下

游戏准备：

绳子。

游戏玩法：

① 幼儿将绳子折叠后放在头顶，保持身体直立的姿势。

② 慢慢弯曲膝盖，再慢慢地抱膝坐好。如果绳子没有从头顶掉落，幼儿就成功了。

③ 游戏开始时，教师可以做一遍示范，然后引导幼儿一边思考怎样才能让绳子不落下来，一边尝试玩游戏。

④ 待幼儿掌握技巧，可以让其尝试从坐姿恢复到站姿，如图 4–22 所示。待幼儿掌握所有技巧后，可以让其反复练习。

图 4–22　从坐姿到站姿

（5）相扑大赛

教师用长绳围一个圆圈充当相扑台，组织幼儿进行相扑大赛。

游戏准备：

用长绳围出一个圆圈。

游戏玩法：

① 两名幼儿一组，背靠背，单腿站好，听到教师口令后互相对抗，如图 4–23 所示。

② 出现身体越出相扑台、双脚着地、手着地任意一种情况的一方输掉比赛，如图 4–24 所示。

③ 可模仿真实的相扑比赛，在游戏开始之前让其他幼儿大声喊出参加比赛的两名幼儿的名字，这样游戏的气氛会更加热烈。

注意事项：

如果幼儿在游戏中做出了击拳、踢打、使用胳膊肘撞击、拉拽等危险行为，教师要立即将两名幼儿分开，停止比赛。

图 4-23 相扑大赛

图 4-24 输掉比赛的情况

（6）花样平衡木

这些动作在运动垫上可以轻松完成，但是在平衡木上完成就比较困难了。幼儿要一边调整身体的平衡，一边做动作。

游戏准备：

平衡木、运动垫。

游戏玩法：

① 中央旋转：幼儿举起双手，一边调整身体平衡，一边在平衡木上行走，走到平衡木中央时慢慢地旋转一圈，然后继续行走，最后跳下平衡木，如图 4–25 所示。

② 抱膝坐一坐：幼儿走到平衡木中央时停下来，抱膝坐下，然后起身继续行走，最后跳下平衡木，如图 4–26 所示。

图 4–25　中央旋转

图 4–26　抱膝坐一坐

③ 匍匐卧倒：幼儿走到平衡木中央时要慢慢地趴在平衡木上，然后起身继续行走，最后跳下平衡木，如图 4–27 所示。

图 4–27　匍匐卧倒

注意事项：

① 幼儿在转圈时身体不容易保持平衡，这时教师要伸出双手站在平衡木旁，做好随

时帮助幼儿的准备。

② 为了随时能够帮助幼儿，教师要站在幼儿的斜前方。另外，幼儿跳下平衡木时可能会由于精神放松而发生危险，因此需要教师特别注意。

二、一物多玩类体适能游戏

1. 球类

（1）坐着滚球

这是需要幼儿坐在地上滚球的游戏。

游戏准备：

篮球或排球。

游戏玩法：

① 让幼儿双腿向前伸直坐在地上，用手滚动球使球围绕自己身体旋转一周，如图 4–28 所示。教师要提醒幼儿双腿尽量不要弯曲。

② 游戏升级：让幼儿分开双腿进行滚球游戏，如图 4–29 所示。这个游戏需要幼儿身体更加频繁地向前倾、向前弯曲。

图 4–28　坐着滚球

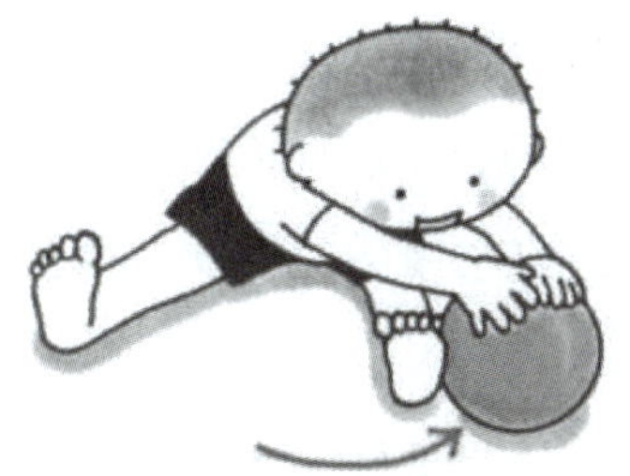

图 4–29　分开腿滚球

（2）拍一拍，接一接

这个游戏需要幼儿将球扔到地上，待球反弹时，将球抓住。

游戏准备：

篮球或排球。

游戏玩法：

① 幼儿双手拿球，将球扔到地面上，如图 4–30 所示。

② 仔细观察球的反弹，待时机合适，幼儿再双手抓住球。

图 4–30　将球扔到地面上

（3）拍球走

在幼儿练习拍球走之前教师要确定幼儿已学会原地拍球。

游戏准备：

篮球、沙包。

游戏玩法：

① 教师在地上画一条线作为起点，在距离起点大约 5 米的地方再画一条线作为终点。

② 将篮球交给幼儿，让幼儿从起点拍着篮球前进直到到达终点，如图 4–31 所示。如果幼儿做不到教师可以站在幼儿的身后，抓着幼儿的手一边拍球一边前进。

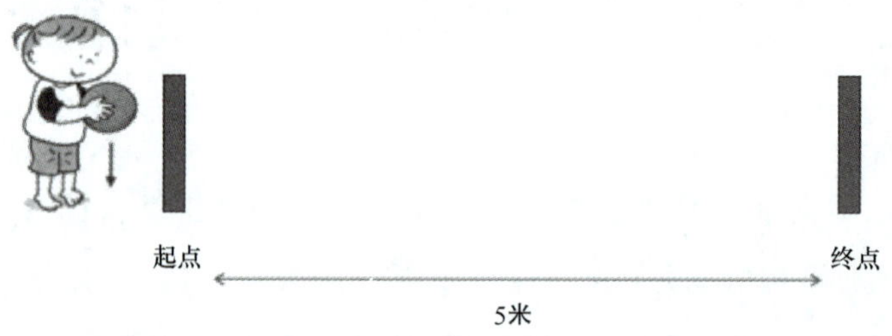

图 4–31　拍球走 1

③ 待幼儿掌握拍球走技巧后，教师可增加游戏难度。将几个沙包放置在幼儿前进的路线上充当障碍物（沙包之间的距离根据幼儿的能力决定），如图 4–32 所示。幼儿在拍球前进的过程中，要走 S 形曲线绕过障碍物直到到达终点。

④ 幼儿可单手拍球前进或左右手交替拍球前进。

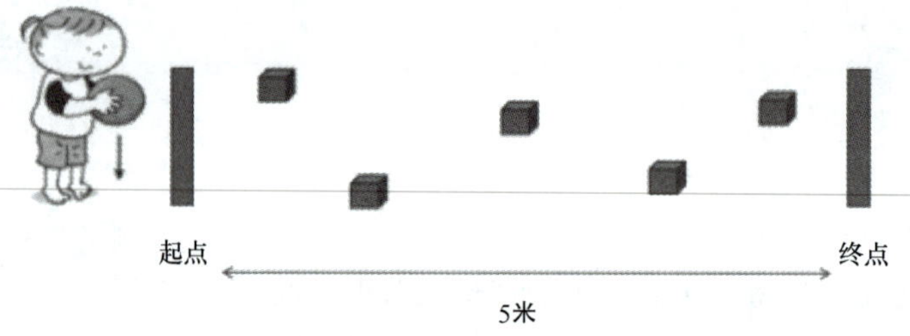

图 4–32　拍球走 2

（4）投篮小健将

游戏准备：

篮球。

游戏玩法：

① 幼儿并列站成一排或站成弧形，双手持篮球于胸前，做好投篮准备动作。

② 教师站在第一名幼儿对面，举起呼啦圈，如图 4-33 所示，说“向前推、拨出去”，幼儿将球投进呼啦圈，然后教师站到下一名幼儿对面。

③ 已经投过篮的幼儿要将球捡起，拍球回到原来的位置上，做好再次投篮的准备。教师要适时表扬做得好的幼儿，对动作不正确的幼儿要给予指导和鼓励。

图 4-33　投篮小健将

2. 绳子类

（1）系绳子

游戏准备：

彩色绳子。

游戏玩法：

① 引导幼儿将绳子系在教师的身上并打结，只需要打一次结，如图 4-34 所示。

② 绳子全部打结后，再让幼儿将绳子解开。

图 4-34　系绳子

（2）解绳对抗赛

这是需要幼儿将打好结的绳子快速解开的游戏，如图 4–35 所示。教师要引导幼儿思考怎样才能以最快的速度完成解绳子的动作。

图 4–35　解绳子

游戏准备：

打好结的绳子。

游戏玩法：

① 将全体幼儿分成两组。在每组的游戏场地里分散地摆好数个打好结的绳子。

② 等候在营地里的幼儿听到教师喊“开始”口令后，进入游戏场地，开始解绳子。

③ 幼儿将解开结的绳子带回营地。哪组游戏场地里的绳子先被解完，哪组就获得胜利。

（3）彩虹伞

游戏准备：

绳子。

游戏玩法：

① 数名幼儿站成一个圆圈，分别拉住教师手中绳子的一端，如图 4–36 所示。

② 幼儿听到教师发出“向左走”或“向右走”的口令后，将手中的绳子举高向口令所指的方向走。

③ 当听到“彩虹伞变低了”的口令时，幼儿将手中的绳子放低并蹲下。

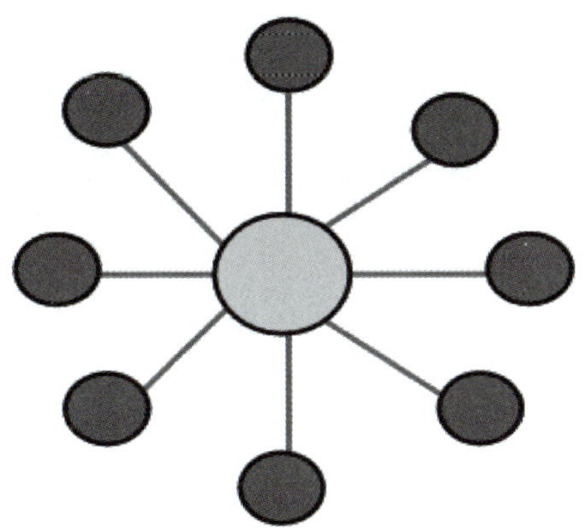

图 4-36　彩虹伞

④ 幼儿根据教师发出的口令，进行走、跑、跳等动作。

（4）拉绳大力士

两名幼儿站在圈里，谁的脚先被拉出圈谁就输了，如图 4-37 所示。

图 4-37　拉绳

游戏准备：

绳子、呼啦圈。

游戏玩法：

① 用绳子或者呼啦圈圈出两名幼儿的营地，幼儿各自站在自己的营地当中，两人拉住绳子。

② 比赛开始后两人开始拉扯绳子，脚先落到圈外的幼儿输掉游戏。

③ 教师的职责不仅仅是充当裁判，当幼儿脚踩到绳子或呼啦圈失去身体平衡时，教师要进行帮扶。

注意事项：

① 教师要提醒幼儿不要忽然松开绳子，以防对方摔倒。

② 幼儿脚踩到绳子或呼啦圈时有可能会发生危险。

（5）穿呀穿呀穿裤子

这是一个使用绳子做穿裤子的动作并可以提高肩膀柔韧性的游戏。

游戏准备：

绳子。

游戏玩法：

① 教师示范游戏玩法：将绳子对折，双手握住绳子的两端，双腿一次性跨过绳子，然后再将绳子从背部举到头顶，如图 4–38 所示。

② 教师指导幼儿练习。

③ 在幼儿掌握游戏技巧后，教师可以一边喊口号增强游戏节奏感，一边带领幼儿做游戏。

图 4–38　穿呀穿呀穿裤子

（6）小球散步接力赛

在这个游戏中，幼儿要用绳子拉球并倒退着前进，如图 4–39 所示。

游戏准备：

绳子、球、障碍物。

游戏玩法：

① 用绳子套住小球，幼儿双手各握绳子的一端，听到教师的口令后拉着绳子倒退着走，绳子要一直套着球。

图 4-39　用绳子拉球

② 刚开始时，教师可进行演示，然后组织幼儿不断地练习以使其掌握游戏技巧。

③ 将全体幼儿分成两组，进行小球散步接力赛。幼儿需要拉着球走到终点，绕过障碍物，再返回起点，然后将球和绳子交给下一名幼儿，如图 4-40 所示。最先完成游戏的一组获胜。

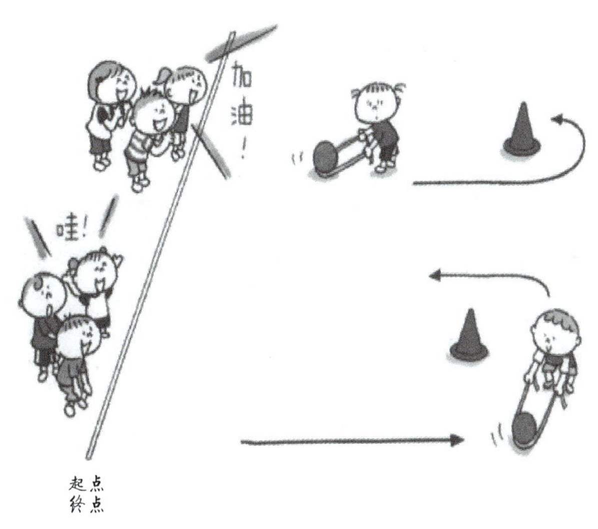

图 4-40　小球散步接力赛

（7）拔河

游戏准备：

绳子、鼓（助威、增加气氛用）、红色布条。

游戏玩法：

① 教师准备一根较粗的绳子，在绳子中点系上红色布条作为标志。

② 教师在场地中间画三条平行的白色线，中间的为中线，两边的为界河。

③ 绳子两端各站一名幼儿，可把绳子绑在幼儿腰上两人背对拉绳子，也可以幼儿用手拉绳子，如图 4–41 所示。

图 4-41　拔河

④ 教师吹哨，拔河比赛开始，比赛采取三局两胜的方式进行。

⑤ 教师可根据幼儿能力情况组织开展多人拔河比赛。

（8）绕绳走

游戏准备：

长绳子。

游戏玩法：

① 教师带领幼儿进行热身运动，活动身体的各个关节。

② 教师将绳子摆放在地面上，一圈一圈地绕起来，每两圈之间留有一定的空间，像蜗牛壳一样，然后教师带领幼儿观察。

③ 教师讲解游戏玩法：幼儿要在绳子圈出的轨道上走，不要踩到绳子，如图 4–42 所示。

图 4-42　绕绳走

④ 教师要提醒幼儿排好队依次前进，同时要注意与前面的幼儿保持距离。

⑤ 教师引领幼儿依次完成绕绳走的游戏。

（9）揪尾巴

游戏准备：

纸绳。

游戏玩法：

① 活动前教师指导幼儿将纸绳一端塞进后裤腰，充当幼儿的尾巴。

② 两名幼儿面对面站立，一起数“一、二、三”，同时开始左右挪动，互相揪对方的尾巴，如图 4-43 所示。

③ 游戏中幼儿不得推拉，先揪下对方尾巴的幼儿为胜者。

图 4-43　揪尾巴

3. 滑溜布

（1）左右跳

游戏准备：

较窄的长滑溜布。

游戏玩法：

① 教师将滑溜布放在地面上，铺开拉平。

② 教师将幼儿分成两组，分别站在滑溜布长边两侧，每两名幼儿之间相距一米，每名幼儿对面正好是空出的位置。教师喊口令“跳”，幼儿要一起跳向滑溜布对面，如图 4-44 所示，然后再后转面向滑溜布。

③ 待幼儿熟悉游戏玩法后，教师可以组织幼儿进行比赛，选出反应最快、跳得最精准的幼儿。

图 4-44　左右跳

（2）小火车钻山洞

游戏准备：

长方形滑溜布。

游戏玩法：

① 教师将幼儿分成两组，其中一组分成两队分别站在滑溜布长边两侧，让幼儿双手抓住滑溜布长边，搭建山洞。

② 另一组幼儿从滑溜布下面钻过去，如图 4-45 所示。

③ 教师根据游戏情况，让两组幼儿互换角色。

图 4-45　小火车钻山洞

（3）滑翔

游戏准备：

小滑溜布、大滑溜布。

游戏玩法：

① 教师将小滑溜布绑在幼儿的腰部，把大滑溜布铺开，拉直。

② 幼儿趴在大的滑溜布上，教师把他从滑溜布一端拉到另一端，如图 4–46 所示。

③ 也可以两名幼儿为一组，一人拉一人滑。

图 4–46　滑翔

（4）大灰狼来了

游戏准备：

大的圆形滑溜布。

游戏玩法：

① 教师将滑溜布放在宽敞的地面上，幼儿随着音乐围着滑溜布跑圈。

② 教师模仿大灰狼的叫声，然后抓人；当听到大灰狼的叫声时，幼儿需要迅速钻到滑溜布底下并用其遮住自己的身体，以免被大灰狼抓住，如图 4–47 所示。

图 4–47　大灰狼来了

第三节　5~6 岁幼儿体适能活动案例

一、两人三足走

1. 活动目标

（1）幼儿尝试两人三足走。

（2）游戏过程中幼儿有合作意识和团队意识。

（3）幼儿学习新操，有较强的接受能力和乐于学习的态度。

2. 活动重点

组织幼儿学习并练习两人三足走。

3. 活动准备

（1）器材及道具准备：松紧带，数量为幼儿人数的一半；水果图片若干张；小筐 4 个。

（2）音乐准备：《红星歌》等。

（3）场地准备：场地布置如图 4-48 所示。

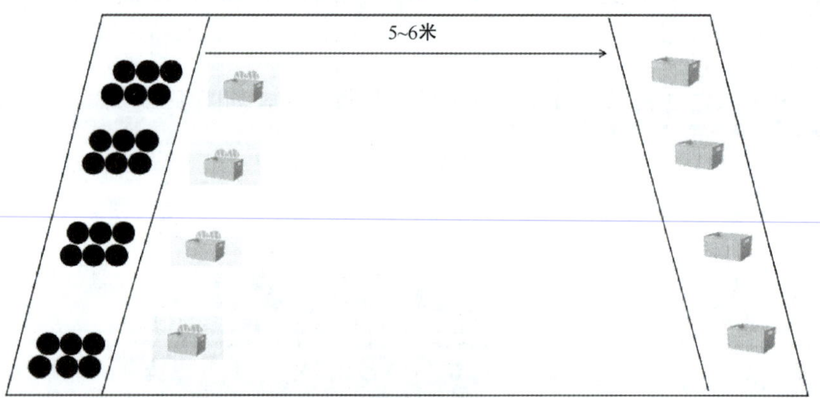

图 4-48 “两人三足走”场地布置示意图

4. 活动过程

（1）热身运动

教师组织幼儿练习以报数的方式分组。

幼儿站成一队，教师指导幼儿分组。幼儿在音乐《红星歌》的伴奏下进行分组练习。

——小朋友们，现在我们用报数的方式来分组。小朋友们按照 1、2、1、2 的方式报数，数到 1 的小朋友站在老师的左手边，数到 2 的小朋友站在老师的右手边。我们一起来练习一次吧！

（2）两人三足走

① 动作学习。

幼儿两人一组并排站立，用松紧带将两人紧挨的两条腿捆绑在一起，在场地上自由练习行走。

教师引导幼儿臂挽臂一起喊着口令出发。练习间隙教师可引导幼儿休息调整并进行小结、交流，请走得好的幼儿进行示范，并且让他们说一说两个人是怎么配合的。休息调整后幼儿再次练习。

② 第一次游戏：步调一致送水果。

——小朋友们已经学会了两人三足走。下面我们来玩一个“步调一致送水果”的游戏。

——请小朋友们自由结对，你们要用两人三足走的方法走到终点，并将手中的水果图片放到小筐中。当听到老师喊“开始”时，第一排的小朋友出发，走到终点后，第二排的小朋友再出发，直到最后一排小朋友走完，小朋友们要和搭档步调一致，可以喊着口令一起走，注意步子要又大又稳，不要摔倒哦！

幼儿听到“开始”的口令时，依次出发。教师重点观察每对幼儿是否能够步伐、速度一致地协同走，是否能够坚持走到终点。

③ 第二次游戏：看谁运得快。

待幼儿熟悉游戏技巧后，教师可将幼儿分成两组进行比赛，游戏方法同第一次游戏，哪组幼儿先把水果运完哪组为胜利者。

（3）放松活动

教师组织幼儿做动作放松，如捶捶腿、捶捶手臂、两人互相轻捶后背等，幼儿还可以自由结伴做放松动作。

5. 活动建议

（1）教师可以选择节奏鲜明的进行曲作为分组练习的音乐。幼儿初步了解报数分组的要求后，教师可以利用日常的体适能活动帮助幼儿巩固练习。

（2）教师可根据本班幼儿的实际水平确定“两人三足走”的距离。幼儿初次练习时建议将距离定在 5 米左右，如果幼儿掌握情况较好，可以再将距离加长。

（3）如幼儿游戏技巧掌握得不够好，初次学习时可不进行比赛。

6. 观察与评价要点

（1）幼儿在玩“两人三足走”时，是否能和同伴动作协同一致，平稳大步地向前走。

（2）幼儿在游戏过程中是否有合作意识。

二、能干的小青蛙

1. 活动目标

（1）幼儿学习双脚向前连续蛙跳，双脚蹬地较有力。

（2）幼儿练习多种方式传球，接到球后能迅速传球。

（3）幼儿能初步建立规则意识和集体荣誉感。

2. 活动重点

组织幼儿学习双脚向前连续蛙跳。

3. 活动准备

（1）器材及道具准备：沙包，数量为幼儿人数的 2 倍；防滑毛毡 3 个，直径分别为 120 厘米、180 厘米、240 厘米；篮球若干个。

（2）音乐准备：《小青蛙你唱吧》等。

（3）场地准备：场地布置如图 4–49 所示。

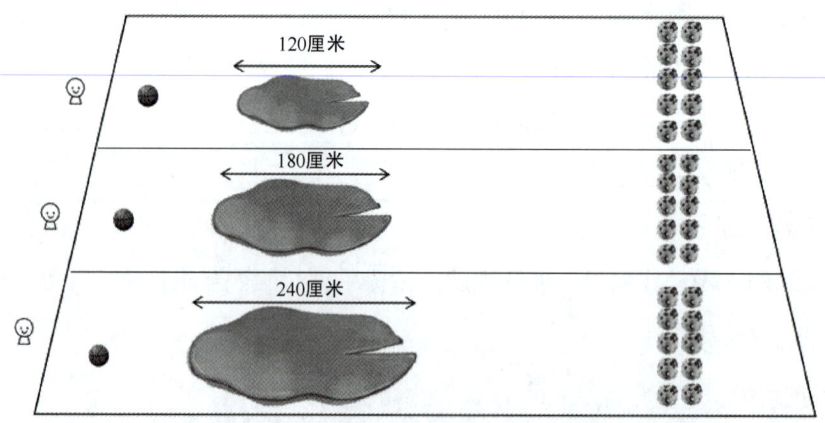

图 4–49 “能干的小青蛙”场地布置示意图

4. 活动过程

（1）热身活动

① 进入游戏情境。

教师扮演青蛙妈妈，幼儿扮演小蝌蚪。在音乐《小青蛙你唱吧》的伴奏下，幼儿一边扮演小蝌蚪在游戏场地里走动，一边唱儿歌："小小蝌蚪快长大，快快找到好妈妈。"幼儿充分活动后教师提示：

——孩子们，快来呀！小蝌蚪长出了两条后腿、两条前腿，变成可爱的小青蛙啦！快来找青蛙妈妈。

② 边唱儿歌，边活动身体各个部位。

在教师的带领下，幼儿一边唱儿歌，一边活动四肢。儿歌及动作说明如下：

我是一只小青蛙（双臂上举），捉虫本领大（下蹲）。

伸开我的四条腿（双手叉腰，向前弯腰，双手拍双腿），扑通一声跳下水（原地蹲下，向上纵跳）。

以上动作重复三次。

（2）小青蛙练本领

① 练习自由跳跃。

——小青蛙们，你们都会怎么跳呢？让妈妈看看谁跳的方式多！

幼儿在场地上尝试多种方式的跳跃，教师鼓励跳跃方式有创意的幼儿，如转身跳、直线跳、变换方向跳、连续跳等。

② 教师示范蛙跳并组织幼儿练习。

——小青蛙们，你们跳得都非常好，今天妈妈教你们一个新的本领——真正的青蛙跳。你们看看妈妈是怎么跳的：两脚稍稍分开，蹲下，两手五指张开，手心向外放胸前做起跳准备；起跳时，两脚用力蹬地，双臂向上举起，向前跳；落地时脚后跟先着地，身体顺势蹲下。

幼儿在场地上跟随教师一起练习蛙跳，教师重点指导幼儿起跳蹬地动作，另外，还要观察幼儿落地时，是否脚后跟先着地。

（3）小青蛙捉害虫（沙包）

① 幼儿分为三组练习蛙跳，教师重点观察幼儿起跳动作和落地动作是否正确。

——小青蛙们，你们跳得真好，现在要帮助妈妈到河对岸捉害虫，我们出发吧！小河上有三片大荷叶，你们可以借助大小不同的荷叶（防滑毛毡）跳过去，我们看哪只小青蛙能顺利到达对岸，去捉害虫。下面来看看你们的本领吧！

第一组小青蛙：做连续蛙跳的动作，跳过直径为 120 厘米的荷叶。

第二组小青蛙：做连续蛙跳的动作，跳过直径为 180 厘米的荷叶。

第三组小青蛙：做连续蛙跳的动作，跳过直径为 240 厘米的荷叶。

三组幼儿要轮换跳，直到所有幼儿都跳过三片荷叶。

② 分组游戏完成后，可让幼儿自由选择荷叶来练习蛙跳，以增加游戏的趣味性。

（4）传球大比拼

① 幼儿排成三队进行花样传球游戏。

——小青蛙们，你们真能干，现在妈妈这里有许多篮球，咱们来玩传球游戏吧！

教师可以先请部分幼儿进行传球示范，教师要提醒幼儿传球时眼睛要看着球，手要抓住球，要快速将球传给下一名幼儿。教师可以组织幼儿开展三种不同方式的传球游戏。

第一次传球：头上传球。幼儿双手上举把球从前向后传。

第二次传球：侧身传球。幼儿从身体左侧或者右侧传球。

第三次传球：胯下传球。幼儿从两腿之间从前向后传球。

② 传球比赛。

教师将幼儿分成四组，开展传球比赛，根据幼儿的体力情况，每种传球方式比赛一到两次。

（5）放松活动

在音乐《小青蛙你唱吧》的伴奏下，教师带领幼儿在场地上散步，同时做肩关节、颈部、腕关节、腰部、膝关节的放松活动。活动后幼儿立正站好，教师引导站在后面的幼儿为站在前面的幼儿敲敲背、揉揉肩，然后全体向后转，交换角色做敲敲背、揉揉肩的动作。

5. 活动建议

（1）教师可以根据本班幼儿的能力水平确定游戏中幼儿需要跳跃的距离。

（2）创意跳跃只为引出蛙跳，不宜占用时间过长。

（3）练习蛙跳时，教师要注意让幼儿重点练习蛙跳动作。

（4）蛙跳比较消耗体力，教师应注意让幼儿休息调整。

（5）当幼儿还没有掌握蛙跳动作技巧时，不宜开展比赛。

（6）传球时可以将幼儿多分几组，以减少幼儿等待的时间。

6. 观察与评价要点

（1）幼儿是否掌握了蛙跳的动作技巧，起跳蹬地较用力，后脚跟先落地。

（2）幼儿在传球时是否注意力集中，动作是否迅速。

三、汪汪队立大功

1. 活动目标

（1）幼儿尝试运用多种方法钻过拱形门组，动作灵活协调。

（2）幼儿练习双脚跳过平行线、轮胎等，能保持身体平衡。

（3）幼儿能感受到合作的快乐。

2. 活动重点

组织幼儿练习侧面钻和纵跳触物。

3. 活动准备

（1）器材及道具准备：拱形门 12 个；运动垫 4 个；儿童桌子 4 个；轮胎 4 个；彩绳 8 根；奶箱制成的三角屋顶 4 个；呼啦圈 20 个；坏人吊饰，数量与幼儿人数相同。

（2）场地准备：将 8 个拱形门做成拱形门组，每两个拱形门之间用纱网包住，上部连接；每块运动垫上面放一张儿童桌子；坏人吊饰挂在距离地面 1.3~1.6 米的高处；场地布置如图 4–50、图 4–51 所示。

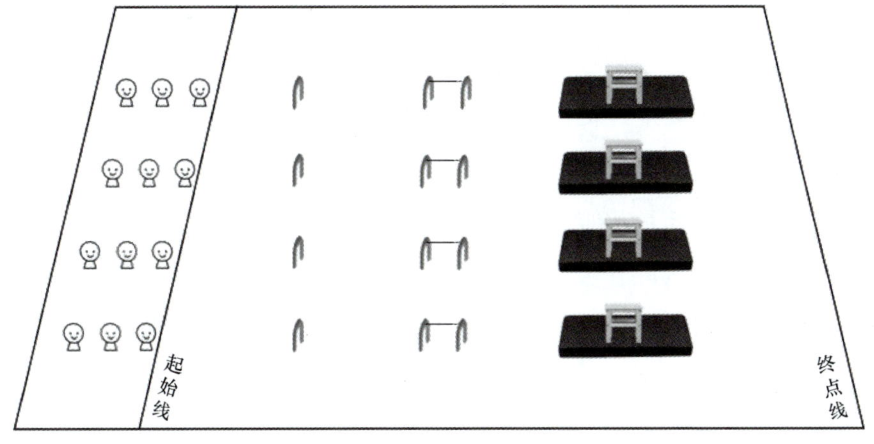

图 4–50 “汪汪队立大功”场地布置示意图 1

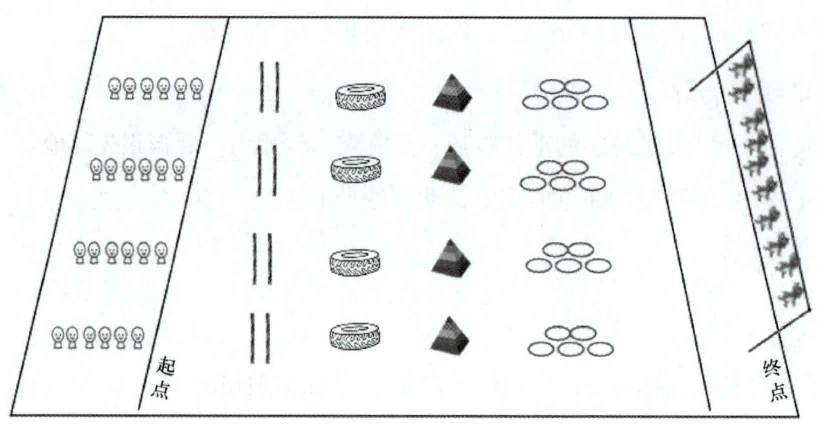

图 4-51 “汪汪队立大功”场地布置示意图 2

4. 活动过程

（1）热身活动

① 准备活动。

——小朋友们，我们现在是勇敢的汪汪队小队员，要去山里巡逻，保障小动物的安全。你们有没有信心完成任务呀？

教师带领幼儿做准备活动，活动身体的各个部位（头部、上肢、下肢等），每个部位活动四个八拍。

② 火车钻山洞。

将幼儿分成两队，两队幼儿面对面站立。正对的两名幼儿为一组，两人双手相互搭起如山洞状。游戏开始，最后一组的两名幼儿松手，低头弯腰钻过其他幼儿搭建的山洞，走出山洞后再重新双手互搭，此时变成最后一组的幼儿继续钻山洞，幼儿们依次钻山洞，搭山洞，一直搭到山脚的标志物前。

——每名汪汪队队员开一节小火车，通过长长的山洞，山洞很黑，一定要跟好前面的小火车呀！

幼儿熟悉游戏玩法后，分别练习钻山洞。

（2）汪汪队巡逻

教师带领幼儿来到了如图 4-50 所示的山脚（起始线）下，布置任务。

——今天我们要在这座大山里巡逻，山里有很多山洞（拱形门），我们必须安全地钻过去，才能完成这次巡逻的任务。

① 第一次游戏：四散巡逻。

幼儿自己尝试钻山洞。

——说一说自己用了什么方法，出现了哪些问题？

教师请使用不同方法的幼儿分别展示自己钻山洞的方法。

——看看哪名汪汪队队员钻山洞的时候动作灵巧，既快速又没有让身体碰到山洞，不让自己受伤。

教师一边重点示范侧面钻的动作，一边用语言讲述动作要领：侧面钻山洞时，要侧身对着山洞，前面的腿向前伸出，后面的腿蹲下，低头、弯腰、横向移动重心，钻过山洞，然后收回后面的腿。

② 第二次游戏：分组巡逻。

幼儿分成四队在起始线前站好，依次侧面钻过拱形门，蹲着钻过拱形门组，钻爬过低矮的障碍物（儿童桌子），到达终点后跑回起点。第一名幼儿到达终点后，第二名幼儿出发。

——我们已经练习过了钻山洞，现在我们排队出发，开始巡逻。

教师重点观察幼儿钻的动作是否协调。

（3）抓坏人

① 练习纵跳触物。

以汪汪队抓恐怖分子的故事为背景，教师带领幼儿在图 4-51 所示的场地上分组练习跳跃和纵跳触物。

——汪汪队队员发现了许多恐怖分子，他们破坏城市建筑，请汪汪队队员们跳起来，把恐怖分子抓出来。

② 抓坏人。

幼儿分成四组，依次助跑跳过平行线（用彩绳摆成），再跳过轮胎，然后，双脚跳过三角屋顶，最后左右跳分别跳进呼啦圈，跳完后跑向终点摘下一个坏人吊饰，再跑回起点交给教师。

（4）放松活动

——汪汪队队员都非常棒！任务执行完要休息睡觉了，睡觉前我们要做什么呢？

教师带领幼儿做洗脸、洗脚、刷牙的动作，放松身体。

5. 活动建议

（1）活动器材及道具教师可以根据本园的实际情况进行调整，故事情境可根据活动器材及道具创编。

（2）教师可根据幼儿掌握钻的动作的情况，引导幼儿尝试向不同方向、以不同姿势钻。

（3）教师可以引导幼儿与自己一起布置和收拾活动场地。

（4）教师可根据幼儿掌握动作的情况，灵活调整每次活动的时间。

6. 观察与评价要点

（1）幼儿在尝试钻过拱形门组时，动作是否灵活协调。

（2）幼儿在双脚跳过平行线、轮胎等时，是否能保持身体平衡。

四、我最棒

1. 活动目标

（1）幼儿学习双人近距离击地传球，能接住对方传来的球。

（2）幼儿练习钻爬过多种障碍物，能根据障碍物的特点自己确定钻的方式。

（3）幼儿能体验到合作的乐趣。

2. 活动重点

组织幼儿练习双人近距离击地传球。

3. 活动准备

（1）器材及道具准备：篮球，数量与幼儿人数相同；用于钻爬的障碍物各 4 个（拱形门 4 个、纸箱做成的爬箱 4 个）；大筐 2 个。

（2）音乐准备：《篮球操》《心愿便利店》等。

（3）场地准备：场地布置如图 4-52 所示。

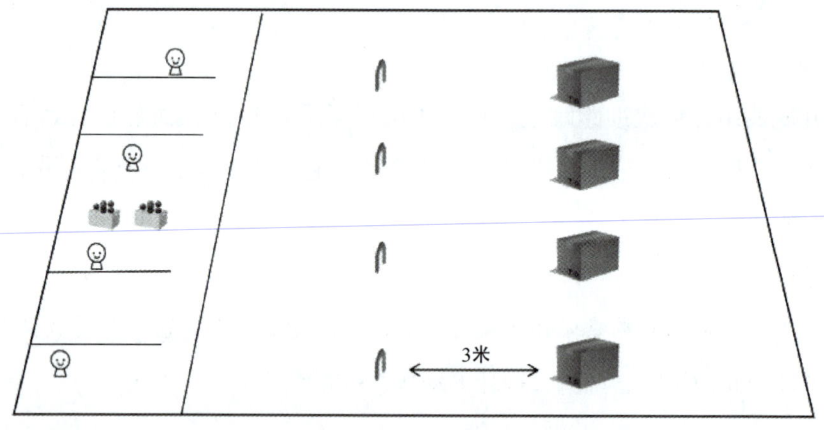

图 4-52 “我最棒”场地布置示意图

4. 活动过程

（1）热身活动

播放音乐《篮球操》，教师组织幼儿练习报数分组，幼儿分成四组后，每名幼儿取一个篮球站好，利用篮球做篮球操，充分活动上肢。篮球操动作同第三章体适能活动案例。

（2）我们一起来玩球

① 看谁的玩法多。

请两名幼儿结伴玩一个球，教师要启发幼儿想出多种玩法并制定游戏规则。

——抱着球的小朋友去找一位好朋友组成一组，两个人一起来玩球。球有很多玩法，看看哪组小朋友想出的玩法多。

② 大家说一说。

教师组织全班幼儿交流自己组的玩法，引出双人击地传球。

③ 我来做示范。

两名幼儿做示范，教师讲解动作要领。

——两个小朋友面对面站好，拿球的小朋友双手持球于胸前，将球拍向两人中间的地面，球落地反弹起来后，对面的小朋友来接球。

④ 好玩的传球。

幼儿两人一组，练习双人击地传球，教师巡视指导。教师要重点强调双手握球的位置、出手的角度及用力的大小，提醒接球的幼儿做好准备。

幼儿进行多次练习后，教师根据幼儿游戏情况讲解共性问题，纠正动作，进行正确示范。教师要重点解决幼儿在拍球力度和出手角度上存在的问题。

⑤ 我们再来试一试。

幼儿两个人一组进行巩固练习，游戏时间依据班级幼儿游戏技巧掌握情况而定。

（3）比比谁钻得快

① 教师带领幼儿来到图 4–52 所示的游戏场地，将幼儿分成人数相等的四队，每两队幼儿面对面站好，两名幼儿为一组，然后教师讲解游戏玩法。

——排在队首的两名小朋友要先相互击地传球两次，然后把球放到筐里，再快速钻过前方的拱形门、爬箱，你想怎样钻过去都可以，到终点后，从场地的左侧跑回。第二组小朋友在第一组小朋友出发后就开始击地传球，最快完成游戏的一组获胜。

② 可让幼儿多游戏几次，教师分别指导。

（4）放松活动

教师与幼儿一起收拾道具，将所有道具放回原处。在音乐《心愿便利店》的伴奏下，教师带领幼儿进行放松活动，幼儿相互敲敲背、揉揉肩等。

5. 活动建议

（1）障碍物的准备要适合本班幼儿的能力水平，教师可根据本园实际情况调整障碍物的道具，如可用可以钻的大型器材、绳子拉成的网等充当障碍物。

（2）此活动可与以培养幼儿合作为主题的活动相结合。

（3）游戏前可让幼儿练习拍球，提高其对球的控制能力。

6. 观察与评价要点

（1）幼儿在进行击地传球时，是否能够控制好拍球的力度和角度，对方是否能接住球。

（2）幼儿在钻爬时，动作是否灵活协调。

五、小猴子演杂技

1. 活动目标

（1）幼儿敢于尝试站在平衡木上拾起地面上的物品，能保持身体平衡，不掉下平衡木。

（2）幼儿练习用脚内侧踢球，能控制球的方向。

（3）幼儿能自觉遵守游戏规则，乐于合作。

2. 活动重点

组织幼儿练习站在平衡木上拾起地面上的物品。

3. 活动准备

（1）器材及道具准备：小沙包，数量为幼儿人数的 2 倍；大沙包 16 个；水桶 8 个；手提纸袋 8 个；皮球，数量为幼儿人数的一半；平衡木 2 个；有全班幼儿姓名的记录表格一份（用于计时）。

（2）音乐准备：《猴哥》。

（3）场地准备：地面上画上圆点，数量多于幼儿人数，场地布置如图 4–53 所示。

4. 活动过程

（1）热身活动

——现在我们是杂技团的小猴子，一会儿我们要为观众表演杂技了，小猴子和妈妈一起活动一下身体吧！

幼儿扮演小猴子，教师扮演猴妈妈，幼儿在教师的带领下活动身体各个部位，充分活动脚腕、膝盖等下肢部位，为游戏做准备。

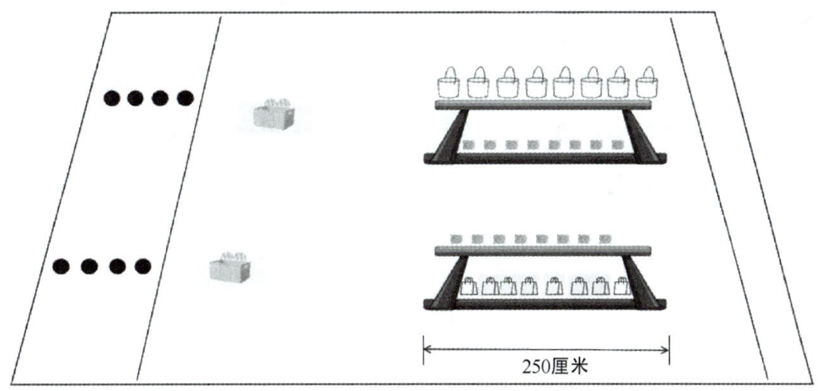

图 4-53 “小猴子演杂技”场地布置示意图

（2）小猴子演杂技

① 小猴子摘桃子（沙包）。

幼儿站在地面的圆点上不动，配班教师将小沙包放在幼儿身边（距离幼儿约 20~50 厘米），让幼儿努力伸臂、不断调整身体姿势来够沙包。

② 小猴子顶物走钢丝。

幼儿头顶沙包，手臂自然摆动或伸开来保持身体平衡，双脚交替走过平衡木。

游戏中，教师要观察幼儿走平衡木时是否能控制好身体的平衡，可根据幼儿游戏情况进行适当提示或给予帮助（教师跟随幼儿一起游戏，择机讲解动作技巧）。

③ 小猴子走钢丝取物。

教师介绍游戏方法及玩具材料。

——小朋友们快来看一看，平衡木的两边都有什么（水桶、大沙包、手提纸袋）？

——我们在表演节目前，要先想好自己取哪件物品，然后在平衡木上走到你可以取到物品的地方停住站稳，屈腿，向下弯腰，伸直手臂拾起地面上的物品，起身站稳后，拿住物品大步走向平衡木另一端，每次只能取一件物品哦！

教师可边讲解边请一名幼儿进行示范。

幼儿可分两组或者四组进行游戏，当前一名幼儿走下平衡木时，下一名幼儿再出发。教师要站在平衡木边上保护幼儿。

④ 看看哪只小猴子动作快。

幼儿分两组或者四组进行表演比赛，教师要鼓励幼儿不断挑战自己，看谁能又快又平稳地走过平衡木。幼儿走过平衡木后，教师记录幼儿游戏用时。教师要重点引导幼儿遵守游戏规则，有序进行游戏，公平竞争。

（3）小猴子踢球

① 两名教师边示范边介绍游戏玩法。

——两名小朋友面对面站好后，开始互相踢球。我们要用脚的内侧踢球，踢球时不要太用力，让皮球在地面上滚过去；接球的小朋友将滚来的皮球也用脚内侧挡住，还可以用脚掌轻轻地将球踩住，然后再将球用脚内侧踢回去。我们看看哪两只小猴子的球最听话，不到处乱跑。

② 互相踢球。

每两名幼儿之间间距 3 米（可根据幼儿能力调整两人间距离），面对面站立，练习互相踢球。教师要重点观察幼儿是否能用脚内侧踢球，是否能控制好球的方向。

（4）放松活动

教师和幼儿边唱儿歌边进行放松活动。

小鸟飞，飞啊飞，拍拍翅膀飞啊飞。

小鸭走，走啊走，摇摇摆摆走啊走。

小象走，走啊走，甩甩鼻子走啊走。

小马跑，跑啊跑，嗒嗒嗒嗒跑啊跑。

5. 活动建议

（1）教师可根据幼儿人数及本园所拥有的平衡木数量，分组开展游戏。

（2）教师可根据幼儿能力将高矮不同的物品放在平衡木两侧，以幼儿能蹲下弯腰取到为宜。地面物品与平衡木之间的距离可在 10~25 厘米之间（视幼儿臂长及能力水平而定）。

（3）幼儿在走平衡木时，教师要站在平衡木旁边保护幼儿。

（4）教师可根据本班幼儿的能力情况确定相互踢球时两名幼儿间的距离。

（5）热身动作教师可根据猴子动作特点自行创编。

6. 观察与评价要点

（1）幼儿站在平衡木上拾起地面上的物品时，是否能保持身体平衡，不掉下平衡木。

（2）幼儿在用脚内侧踢球时，是否能控制球的方向。

六、军事训练

1. 活动目标

（1）幼儿练习听口令行动，根据口令走、跑等。

（2）锻炼幼儿身体灵活性、协调性和反应能力。

（3）培养幼儿规则意识、团队合作意识。

2. 活动重点

组织幼儿练习听口令齐步走、折返跑和蹲走。

3. 活动准备

（1）经验准备：幼儿有听口令做动作的经验，提前给幼儿观看阅兵视频。

（2）音乐准备：欢快的音乐（如《三军音乐》）。

（3）场地准备：宽敞、平坦的户外场地。

4. 活动过程

（1）热身环节

① 小空军飞行员驾飞机去边防。

教师带领幼儿模仿空军进行队列练习，幼儿进入角色驾驶飞机到边境。口令及相关动作如下：

——全体都有：稍息、立正、齐步走（进场地）、左右分队走，登机（模仿上飞机动作），起飞（模仿起飞动作）。

② 听口令做动作。

教师组织幼儿做训练前的准备活动，重点活动颈部、肩部、腰部、脚踝，每个部位活动四个八拍。

——军事训练现在开始，小飞行员有信心完成训练任务吗?

在音乐伴奏下，幼儿随教师模仿飞行员，用力做开飞机、起飞（原地自转）、飞行（快跑、慢跑）、俯冲（屈腿跑）、降落（双腿膝盖朝向斜前方蹲下）等动作。

（2）游戏环节

① 导入情境。

——小朋友们，我们国家的国庆节是哪天?

——10 月 1 日，大家要记好，因为这一天是我们祖国的生日，有时候在北京天安门广场会举行阅兵仪式。有谁看过阅兵仪式呀？小朋友们知道咱们国家都有什么兵种吗？阅兵仪式上穿绿色军装的是什么兵种？穿蓝色军装的是什么兵种？穿白色军装的是什么兵种?

教师引导幼儿自由模仿不同兵种的解放军。

——刚刚大家说了很多的兵种，那老师要看看，小朋友能不能模仿不同兵种的解放军叔叔呀？解放军站好的队都是非常整齐的，老师必须等到小朋友站好队才能下命令。所以小朋友们要站好队，老师喊口令小朋友们来模仿。陆军来了、空军来了、坦克军来了……

② 第一次游戏：陆军齐步走。

幼儿排成 4 列，教师引导幼儿进行齐步走练习。

——老师看电视时，发现阅兵分两部分，一部分是一排整齐地走，另一部分是展示部分。为了咱们队伍的整齐，小朋友先尝试模仿陆军。小朋友们，我们先一排一排地练习齐步走。当老师说阅兵开始，大家就开始齐步走，走的时候要注意保持队伍整齐，听明白了吗？

教师组织幼儿练习齐步走，提醒幼儿与他人步调保持一致。

③ 第二次游戏：空军折返飞。

幼儿站成两队，教师引导幼儿张开双臂，以飞翔姿势进行 5 米折返跑。

——刚刚大家表现不错。接下来，老师要教你们玩空军折返飞的游戏。小朋友们，飞机是怎么飞的呀？是不是像老鹰一样？小朋友们还是要排好队，这次比赛，老师不要求整齐，要求速度，我们看谁跑得快。

——现在迎面走来的是空中飞鹰——空军部队，他们要一展风采。空军，准备起飞！

④ 第三次游戏：坦克兵慢慢走。

幼儿排成 4 列，教师引导幼儿用鸭子步模仿坦克前进，此时，不需要幼儿步伐一致。

——刚刚大家都学会了模仿陆军和空军。接下来老师要给你们介绍一个比较厉害的兵种——坦克兵，坦克兵靠操控坦克来作战，非常厉害。坦克是什么样的？有履带，很重，移动速度要比飞机慢。那我们应该怎样模仿它呢？大家蹲在地上，一步一步向前挪。因为坦克的杀伤力很大，大家在走的时候要大声喊出来，表示我们很厉害。现在向大家展示的是装甲部队——坦克军。

⑤ 第四次游戏：多兵种混合表演。

——大家学习模仿了好几个兵种的解放军，下面我们开始阅兵。大家要先整齐地走路，听好老师的口令，老师让哪一列小朋友模仿什么，你们就要模仿什么兵种的解放军，看哪一列小朋友做得棒。

（3）快乐结束

教师根据幼儿实际情况，结合本次活动目标，进行总结点评。点评以鼓励为主，让幼儿感受到体适能活动的乐趣。

——老师今天让你们模仿了哪几个兵种的解放军叔叔呀？今天小解放军们做得很棒，希望以后你们都能像解放军叔叔那样遵守纪律。

（4）放松活动

教师播放音乐，带领幼儿做动作放松身体，如捶捶腿、捶捶手臂、两人互相轻捶后背等，幼儿还可以自由结组做放松动作。

5. 活动建议

（1）教师可根据幼儿体力情况灵活调整幼儿练习的次数。

（2）教师在组织幼儿阅兵时，可以模仿解说员说话，让幼儿角色代入感更强。

（3）在组织幼儿跑时，教师要注意控制幼儿间的距离，避免幼儿间相互推搡。

6. 观察与评价要点

（1）幼儿能否根据教师口令做动作。

（2）在练习过程中，幼儿是否可以关注到团队其他人，动作是否能与他人保持一致。

七、小小解放军

1. 活动目标

（1）幼儿尝试攀爬多种器材，能勇敢地攀爬。

（2）让幼儿练习单人跳绳，增强其身体的协调能力。

（3）提高幼儿自我保护意识。

2. 活动重点

组织幼儿攀爬多种器材。

3. 活动准备

（1）经验准备：幼儿已在户外体育活动中尝试过跳绳。

（2）器材及道具准备：红旗和黄旗，数量各为幼儿人数的一半；轮胎 18 个；长垫子 2 个；大型玩具滑梯 2 个；绳网攀登架 2 个；跳绳、小印章，数量与幼儿人数相同。

（3）音乐准备：进行曲、欢快的音乐。

（4）场地准备：场地布置如图 4–54 所示。

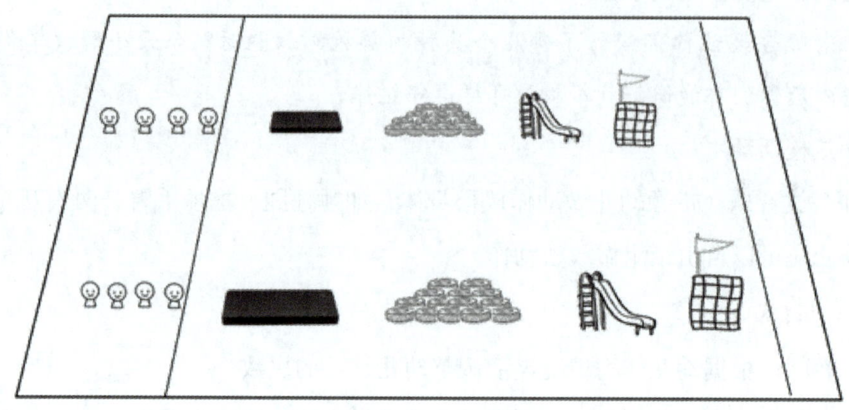

图 4-54 “小小解放军”场地布置示意图

4. 活动过程

（1）热身活动

教师扮演指挥官，幼儿扮演解放军战士，在进行曲伴奏下进入场地，引导幼儿进入游戏情境，做早操。

——小朋友都知道，解放军叔叔非常勇敢，他们平时训练不怕苦不怕累，也很坚强，今天我们也来当一次小小解放军，进行早操训练好不好？

教师吹哨，幼儿整理队列。

——稍息、立正、一臂间隔向前看齐，我的小战士已经准备好了，下面我们进行早操训练。

教师带领幼儿在节奏欢快的音乐的伴奏下做早操。早操动作如下：

侦察敌情（上肢动作）：曲臂绕肩两个八拍，直臂绕肩两个八拍。

蹲下隐蔽（下蹲动作）：绕膝两个八拍，蹲起两个八拍。

苦练功夫（抬踢腿动作）：抬腿两个八拍，踢腿两个八拍。

看家本领（腰的动作）：转腰，顺时针两个八拍，逆时针两个八拍。

热身运动（跳跃动作）：原地跳四个八拍。

准备出击：原地小跑四个八拍。

整理动作：原地踏步四个八拍。

（2）夺红旗

①攀爬轮胎山。

教师讲解游戏玩法（请一名幼儿示范），将幼儿分成两组，分别进行攀爬轮胎山的练习。

——小战士训练得非常认真，下面我们要进行一项军事训练，攀爬高山。先听我讲攀爬轮胎山的要点：身体前倾，手脚配合，向上攀爬。

② 夺旗比赛。

——小战士训练得非常刻苦，我们现在要进行一项比赛：抢夺高地上的红旗。

幼儿分成两队，由两名教师分别带领，站在起跑线上，教师介绍游戏玩法。

——我们分红、黄两组，小战士们要先从起跑线出发，匍匐爬过垫子，继续前行，攀爬轮胎山，之后登上滑梯城堡，从城堡下来后攀爬上攀登架，取下代表自己队的旗子，跑回起点。小战士们依次出发直到每队最后一名小战士夺下攀登架上的旗子。先完成游戏的队伍获胜。我们先请两名优秀的小战士示范一下。

两名幼儿示范（要求整套动作正确），教师要提醒幼儿攀爬时要手脚配合，注意身体的平衡。

——这次任务有一定难度，我们解放军战士要发扬不怕困难的精神，坚决快速地完成任务，我们还要注意安全，不要让自己受伤。小战士们有信心吗？现在，比赛开始！

游戏开始，教师在指导动作的同时提醒幼儿注意安全。

游戏结束后，教师带领幼儿小结游戏情况，引导幼儿一起找出赢得或输掉比赛的原因，给获胜队喝彩；同时，鼓励输掉比赛队，让该队的幼儿不要灰心，刻苦训练，争取在后面的比赛中获得胜利。

小结后教师可组织幼儿再次比赛。这次教师要重点观察幼儿匍匐爬、攀爬等重点动作的完成情况，再次强调、提醒注意事项。

——刚才我们进行了第一次比赛，输掉的队不服气，要再比一次，那我们就再比赛一次吧。

③ 分享快乐。

——今天我们小战士表现得都非常勇敢，动作也很规范，祝贺你们，你们都是勇敢的解放军战士，现在给大家颁奖（给每名幼儿奖励一枚印章）。

（3）快乐跳绳

① 自行练习跳绳。

——解放军战士就是不怕苦不怕累，接下来还有一项训练是跳绳，我相信，你们一样能完成得很好，看谁跳得最多。

幼儿每人一根跳绳自行练习，教师重点观察幼儿掌握跳绳动作技巧的情况，幼儿是否四肢协调。

——跳绳时一定要在绳落到地面时，双脚再跳起来，要一下一下地跳；双臂摇绳时，手要保持在身体两侧合适的位置。

② 教师指导。

教师要鼓励幼儿坚持完成动作，挑战自己，争取跳得更多，并根据不同幼儿的实际情况给予适当指导。

（4）放松活动

——今天，你们都做得很棒，也很辛苦，该休息一下了，我们先把器材收好，然后一起散散步吧。

教师和幼儿一起收拾跳绳、轮胎等器材，将其放回原处，然后一起散步，可以边走边放松地聊天。

5. 活动建议

（1）幼儿攀爬时教师可以根据幼儿实际情况确定重点指导的内容。

（2）游戏中可将幼儿多分几组，准备多种不同颜色的彩旗，以减少幼儿的等待时间，给其提供更多的练习机会。

6. 观察与评价要点

（1）观察幼儿是否能正确、大胆地攀爬轮胎山，平稳地控制自己的身体。

（2）观察幼儿匍匐爬、直立攀爬的动作是否协调。

八、勇敢的战士

1. 活动目标

（1）幼儿练习身体匍匐向前爬，锻炼上下肢协调能力。

（2）幼儿能根据口令准确地做动作。

（3）幼儿喜欢参与体适能活动，能体验到合作的快乐。

2. 活动重点

组织幼儿练习身体匍匐向前爬。

3. 活动准备

（1）经验准备：游戏前观看解放军匍匐爬的视频。

（2）器材及道具准备：电网 2 个（包装绳编成的网或旧渔网），长 5 米，四边拴在一定高度（40~50 厘米）的轮胎上，下面放上垫子，上面拴些小铃铛；沙包，数量是幼儿人数的 2 倍；梅花桩或水瓶若干；粘带，数量为幼儿人数的一半；轮胎 15 个，将其搭成两层或三层的轮胎山。

（3）音乐准备：欢快的音乐。

（4）场地准备：场地布置如图 4-55 所示。

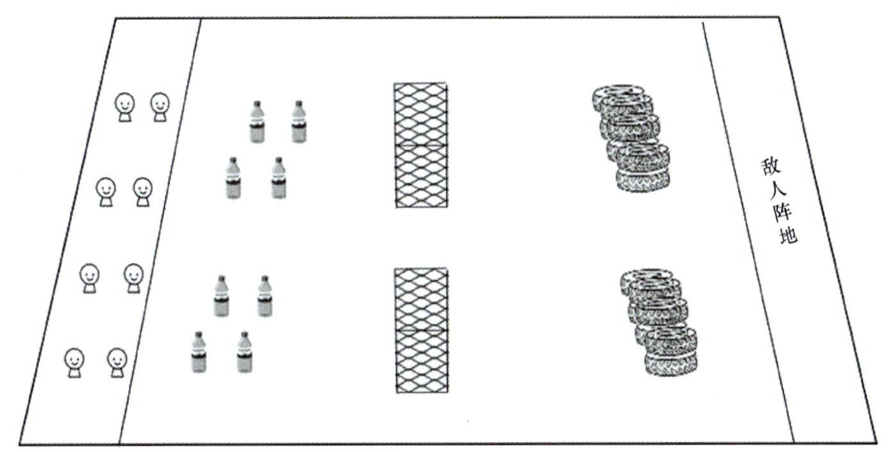

图 4-55 “勇敢的战士”场地布置示意图

4. 活动过程

（1）热身活动

教师扮演指挥官，幼儿扮演解放军战士，教师组织幼儿进行热身活动。

——今天我们扮演解放军战士，现在我们先学习一些解放军战士的技能，你们准备好了吗？

教师引导幼儿随音乐（欢快的音乐）做动作，动作口令如下：慢跑—小步快速跑—慢跑—高抬腿—慢跑—八字高抬腿跑；然后，再组织幼儿活动上肢和下肢，原地练习与匍匐前进有关的动作。

（2）练习匍匐前进

① 教师引导幼儿思考怎样能顺利钻过电网又碰不到铃铛。

——小解放军战士要去侦察敌情，途中要钻过一段电网。如果碰到电网，警铃会发出声响，容易被敌人发现，你们千万不要碰到电网呀！

② 教师讲解动作要领。

教师可进行动作示范，也可与幼儿共同讨论匍匐爬的动作要领，动作要领如下：前进时，收回右腿，伸出左臂，用右腿和左臂的力量使身体前移，同时收回左腿，伸出右臂，再用左腿和右臂的力量使身体继续前移。

③ 请爬得好的幼儿示范匍匐爬的动作。

——刚才谁没有碰到警铃呢？快把好的方法告诉其他小战士吧！

——请大家看一看，说一说，他为什么没碰到警铃呀？

④ 幼儿再次练习匍匐爬。

幼儿再次分组练习，教师仔细观察，纠正幼儿动作。

（3）小战士炸碉堡

① 教师交代任务。

——小战士们，最近敌人总是来搞破坏，我们侦察到敌人的阵地外有很长的电网，我们要爬过去埋伏好。

② 侦察敌情。

幼儿分为四组，依次出发，先走过障碍物（梅花桩），再匍匐爬过电网，跑至小土坡（轮胎山）处，爬上小土坡，假装用望远镜侦察敌情（手握空心拳放在眼前），第一名幼儿爬过电网后，第二名幼儿出发。

教师重点观察幼儿匍匐爬的动作是否正确，提示幼儿双腿交替蹬地。教师可根据幼儿体力情况开展一到二次游戏。

③ 炸碉堡。

将场地上的电网撤掉，教师发出指令，指挥幼儿进行“两人三足走”炸敌军。

幼儿两两一组，从起点出发，绕过障碍物（梅花桩），在山脚下（轮胎山下面）向敌人的阵地扔炸弹（沙包），每名幼儿扔一次，再从原路右边返回起点。待第一组幼儿扔完炸弹后，第二组幼儿再出发。教师提醒幼儿要臂挽臂、腿碰腿地协同走。

（4）放松活动

教师带领幼儿进行放松活动，做原地自转、慢速跑、屈腿跑、慢停等放松动作。

5. 活动建议

（1）活动中不同的情境可播放不同的音乐。

（2）电网高度可根据班内幼儿情况灵活调整。

（3）在日常体适能活动中，可多开展匍匐爬、曲线绕障碍爬等活动，以提高幼儿的爬行能力。

6. 观察与评价要点

（1）幼儿在匍匐向前爬时，四肢是否协调。

（2）幼儿在“两人三足走”时，是否能保持动作与他人协同一致。

九、巧夺阵地

1. 活动目标

（1）幼儿学习助跑跨跳，助跑动作与起跳动作能够较连贯。

（2）幼儿练习单手挥臂肩上投掷。

（3）培养幼儿克服困难及遵守纪律的良好品质。

2. 活动重点

组织幼儿练习助跑跨跳。

3. 活动准备

（1）经验准备：幼儿有单手挥臂转体肩上投掷的活动经验。

（2）器材及道具准备：沙包，数量为幼儿人数的 3 倍；彩绳 6 根；纸砖 30 块；长为 6 米，宽为 90 厘米、100 厘米、110 厘米的彩色皱纹纸各 1 条。

（3）场地准备：场地布置如图 4–56 所示。

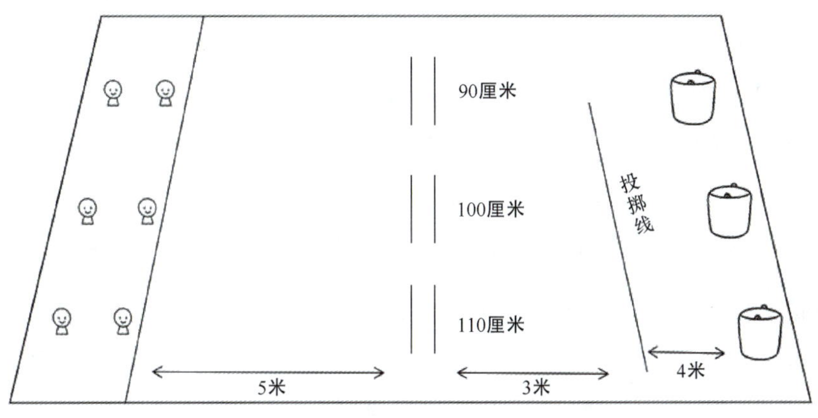

图 4–56 “巧夺阵地”场地布置示意图

4. 活动过程

（1）热身活动

教师组织幼儿进行热身活动，重点活动下肢，可带领幼儿进行单脚跳、双脚跳等跳跃练习。

（2）跨越战壕

① 小士兵想办法。

幼儿扮演小士兵，教师向幼儿介绍活动的内容，引导幼儿尝试助跑跨跳。

——小士兵们可威武啦，英勇善战，现在我们面前有一条宽宽的战壕，大家想一想，用什么办法才能顺利通过这些战壕呢？

② 小士兵练本领。

教师在地面上用彩绳摆出两条间隔一定距离相互平行的线或者一头宽一头窄的两条线作为战壕，让幼儿尝试助跑跨跳，跨跳过战壕。

教师可示范跨跳动作，然后让幼儿自行尝试。教师要重点观察幼儿助跑跨跳时动作是否协调，然后根据幼儿情况进行指导；同时，要提醒幼儿注意安全，鼓励幼儿多思考以掌握动作技巧。在幼儿多次练习后，教师可组织幼儿一起讨论跨跳过战壕的方法，也可请做得好的幼儿示范。

在幼儿熟悉动作技巧后，教师可组织幼儿进行练习。教师在地面上铺好三条不同宽窄的彩色皱纹纸作为战壕，幼儿自主选择一条战壕练习助跑跨跳，教师注意纠正个别幼儿的动作。助跑跨跳动作要点如下：助跑到起跳中间不能停，起跳时脚要用力蹬地，落地后要继续向前跑，注意调整步幅。

（3）小士兵夺回阵地

① 第一次游戏。

主班教师介绍游戏内容及游戏规则，配班教师布置场地。

——刚刚收到一条消息，敌人占领了我们的阵地，并在边上挖了战壕。我们要用助跑跨跳的方法跨跳过战壕，夺回阵地！你们愿意吗？

——小士兵们要先助跑用力跨跳过战壕，然后跑到手榴弹处拿起手榴弹（沙包）轰炸敌人！你们可以执行命令，完成任务吗？

幼儿分三组进行游戏，第一组幼儿到达投掷线后第二组幼儿出发。教师要重点观察幼儿助跑与起跳动作是否连贯，投掷时是否全身用力。

② 第二次游戏。

请三个小组交换场地，幼儿尝试通过其他路线，教师引导幼儿换一只手投掷。

（4）放松活动

——刚刚结束了激烈的战斗，现在战场上一片狼藉。请小士兵们收拾好战场，然后好好休息。

教师和幼儿一起进行放松运动，指导幼儿与同伴互相捶捶后背、捏捏肩膀，做放松动作。

5. 活动建议

（1）教师可根据本班幼儿的能力水平设置助跑跨跳和投掷的距离。

（2）留给幼儿助跑的场地要满足幼儿充分助跑的需要。

（3）教师在引导幼儿助跑跨跳时，可先不要求助跑速度，重点强调助跑与起跳动作的连贯性。

6. 观察与评价要点

（1）在助跑跨跳时，幼儿助跑与起跳动作是否连贯，蹬地是否用力。

（2）在投掷时，幼儿是否能全身协调用力。

十、军营大练兵

1. 活动目标

（1）幼儿练习侧身直线并步跑。

（2）在游戏的过程中，培养幼儿勇于克服困难的品质。

2. 活动重点

组织幼儿学习并练习侧身直线并步跑。

3. 活动准备

（1）器材及道具准备：皮球，数量与幼儿人数相同；大筐 8 个。

（2）场地准备：在地面上画 4 条长为 7~8 米的线，场地布置如图 4–57 所示。

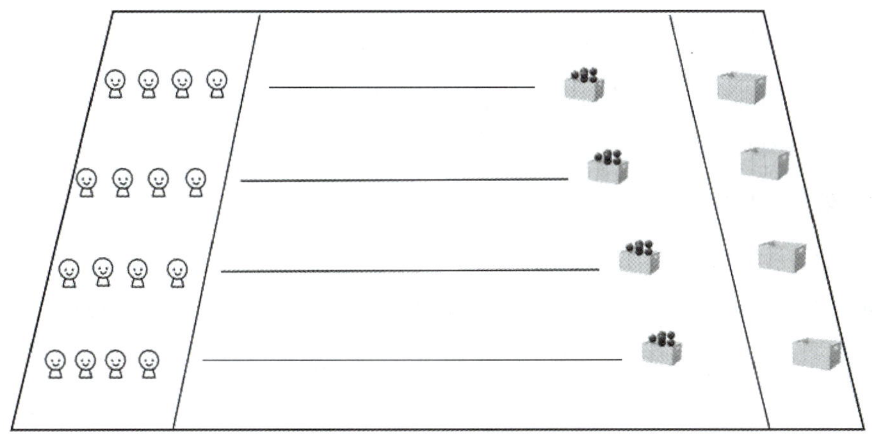

图 4–57 “军营大练兵”场地布置示意图

4. 活动过程

（1）热身活动

教师扮演工兵队长，幼儿扮演战士，教师带领幼儿充分活动全身各个部位（头、肩、腰、四肢）后，让幼儿一个跟着一个绕操场跑步，跑三至四圈后，慢走半圈放松。

（2）军营大练兵

教师带领幼儿到达活动场地，布置任务。

——今天我们训练的任务就是学习如何快速通过非常窄的道路。

①学习侧身并步跑。

教师一边讲解一边示范侧身并步跑：身体侧面站立，先迈前腿，另一条腿紧跟，双脚并拢后，再重复迈腿动作。

教师要重点提醒幼儿侧身移动时，应尽量迈大步，同时保持重心平稳。然后幼儿分组练习，待幼儿熟悉动作后，可让其尝试侧身并步跑。教师在一旁观察，发现问题及时纠正。

②沿地面画线练习动作。

——小战士们，我们要先朝向终点并步跑过去，然后再转身朝向起点并步跑回来，看谁动作标准，速度快。

幼儿在掌握基本动作后沿地面画线直线移动，先左脚在前侧身并步跑向终点，再右脚在前，侧身并步跑回起点。

（3）空投物资

①教师讲解游戏玩法。

——部队下达紧急任务，需要我们侧身穿过封锁线，搬起一个物资包（皮球），投到前方阵地（大筐）。

——小战士们侧身并步跑通过封锁线，通过时一定要保持身体平衡，否则会发生危险。物资投送最快的队为获胜队。

②幼儿分成四队开展游戏。

（4）放松活动

教师带领幼儿玩“请你像我这样做”的游戏（如晃头、绕大臂、侧身转、扭腰、高抬腿、踢腿、抖动四肢等），放松身体各个部位，活动自然结束。

5. 活动建议

（1）在幼儿分组练习侧身并步跑的时候，教师要分别观察指导。

（2）如果幼儿掌握动作技巧较好，可组织其学习沿S形路线侧身并步跑。

（3）教师可根据本园场地大小、幼儿发展需要，自行设置侧身并步跑路线。

6. 观察与评价要点

（1）幼儿在侧身并步跑时，是否能够保持身体平衡。

（2）幼儿左腿在前并步跑时，是否与右腿在前并步跑时一样协调。